Guia de conversação do turco

Sultan Erdoğan
Richard Smith

wmf **martinsfontes**

SÃO PAULO 2014

Esta obra foi publicada originalmente em inglês com o título
CHAMBERS TURKISH PHRASEBOOK
por Chambers Harrap Publishers Limited
Copyright © 2006 Chambers Harrap Publishers
Copyright © 2014, Editora WMF Martins Fontes Ltda.,
São Paulo, para a presente edição.

1ª edição 2014

Tradução *Eurides Avance de Souza*
Revisão da tradução *Yusuf Elemen*
Acompanhamento editorial *Luzia Aparecida dos Santos*
Revisões gráficas *Marisa Rosa Teixeira, Maria Regina Ribeiro Machado*
Edição de arte e capa *Katia Harumi Terasaka*
Produção gráfica *Geraldo Alves*
Paginação *Moacir Katsumi Matsusaki*

Dados Internacionais de Catalogação na Publicação (CIP)
(Câmara Brasileira do Livro, SP, Brasil)

Erdogan, Sultan
 Guia de conversação do turco / Sultan Erdogan, Richard Smith ; [tradução Eurides Avance de Souza]. – 1. ed. – São Paulo : Editora WMF Martins Fontes, 2014. (Coleção Guias de conversação)

 Título original: Chambers Turkish Phrasebook
 ISBN 978-85-7827-883-0

 1. Conversação 2. Turco – Vocabulário e manuais de conversação I. Smith, Richard. II. Título. IV. Série.

14-07621	CDD-494.35

Índices para catálogo sistemático:
1. Guia de conversação : Turco : Linguística   494.35
1. Turco : Guia de conversação : Linguística   494.35

Todos os direitos desta edição reservados à
Editora WMF Martins Fontes Ltda.
Rua Prof. Laerte Ramos de Carvalho, 133 01325.030 São Paulo SP Brasil
Tel. (11) 3293.8150 Fax (11) 3101.1042
e-mail: info@wmfmartinsfontes.com.br http://www.wmfmartinsfontes.com.br

ÍNDICE

Introdução	4
Pronúncia	5
Conversa do dia a dia	9
Conhecendo pessoas	16
Viajando	24
Hospedagem	36
Comendo e bebendo	44
Comida e bebida	52
Passeando	59
Atrações turísticas	66
Esportes e jogos	72
Compras	79
Fotografias	87
Bancos	90
Agências de correio	93
Cybercafés* e *e-mail	95
Telefonando	97
Saúde	102
Problemas e emergências	109
Hora e data	114
Números	122
Dicionário português-turco	124
Dicionário turco-português	153
Gramática	180
Feriados e festas	187
Endereços úteis	189
Tabelas de conversão	191

INTRODUÇÃO

Este novíssimo guia de conversação português-turco é ideal para aqueles que desejam testar suas habilidades na língua estrangeira durante uma viagem ao exterior. As informações são apresentadas de forma prática e clara, com o intuito de ajudar a superar as barreiras da língua e promover a interação com as pessoas do local.

Cada uma das seções traz uma lista de palavras úteis e uma seleção de frases comuns. Você lerá ou ouvirá algumas delas, ao passo que outras irão ajudá-lo a se expressar. O sistema de transcrição fonética, especialmente adaptado para falantes do português, assegura que você será sempre compreendido.

O guia inclui, ainda, um minidicionário bilíngue com cerca de 4.500 palavras, de forma que os usuários mais aventureiros poderão, com base nas estruturas fundamentais, partir para conversas mais complexas.

São fornecidas também informações concisas sobre a cultura e os costumes locais, juntamente com dicas práticas para economizar tempo. Afinal de contas, você está de férias, ou seja, momento de relaxar e aproveitar! Há, ainda, um glossário de comidas e bebidas para ajudá-lo a decifrar os cardápios e para garantir que você não perca algumas das especialidades nacionais ou regionais.

Lembre-se de que qualquer esforço que fizer será valorizado. Portanto, não se intimide! Experimente!

PRONÚNCIA

Neste guia foi inserida em itálico, após cada frase em turco, uma transcrição fonética adaptada para o falante de português. Ao lê-la em voz alta, você não deverá ter problemas para se comunicar com os falantes de turco.

Seguem abaixo algumas particularidades sobre a pronúncia do turco e respectivas transcrições:

Ğ/ğ O "g mudo" (**yumuşak g**) prolonga ligeiramente a vogal precedente. Para indicar a pronúncia duplicaremos a vogal a ser prolongada:
oğlan *oolan*

I/ı Diferentemente do *i*, que é pronunciado na frente da boca, abrindo-se os lábios, como no Brasil, o *ı* é formado no fundo da boca, fechando-se ligeiramente os lábios; seu som é aproximadamente o de um ê gutural ou *ã*. Na transcrição será mantido *ı*; frise-se, porém, que sua pronúncia não deve ser confundida com a do *i* com pingo.
sıfır *sifir*

Ö/ö Esta é uma vogal entre o *e* e o *o*, sem correspondente em português. O som é aproximadamente entre o do nosso *o* e o *e* fechados, pronunciados com os lábios mais arredondados. Na transcrição será mantida a letra turca, **Ö/ö**, para sinalizar que se trata de um som que não existe em português.
önceden *öndjeden*

C/c Esta letra pronuncia-se *dj*, como em "adjetivo".
cami *djami*

Ç/ç Embora o *c* com a cedilha seja visualmente familiar ao português, sua pronúncia é diferente. Pronuncia-se *tch*, como em "tchau".
kaç *katch*

Ü/ü Esta vogal também não existe em português; pronuncia-se como o *u* do francês, isto é, um *u* com os lábios arredondados, entre um *u* e um *i*. Na transcrição será mantida a letra turca, **Ü/ü**, para sinalizar que se trata de um som que não existe em português.
bütün *bütün*

Ş/ş Esta letra turca pronuncia-se como o *ch* de "chá".
akşamlar *akchamlar*

H/h É aspirado como no inglês; pronuncia-se aproximadamente como o nosso *r* suave. Para lembrar que não é mudo, será transcrito com um sublinhado, *h̲*.
harika *h̲arika*

Ao deparar com uma **consoante dupla** (tal como "kk", "ll", "nn", "ss", e assim por diante), você deverá prolongar o tempo de pronúncia da respectiva consoante.

Alfabeto

Letra	Pronúncia	Transcrição
A a	a	a
B b	be	b
C c	dje	dj
Ç ç	tche	tch
D d	de	d
E e	e	e
F f	fe	f
G g	gue, como em **gue**ixa	g e gu
Ğ ğ	iumuchak gue	(ver acima)
H h	he	h̲ (som aspirado)
I ı	ı	ı (ver acima)
İ i	i	i
J j	je	j
K k	ke	k
L l	le	l*
M m	me	m
N n	ne	n
O o	o	o
Ö ö	ö	ö (ver acima)
P p	pe	p
R r	re, como em ma**r**é	r**
S s	se	s e ss
Ş ş	che	ch
T t	te	t

* Quando o *l* estiver no final da palavra ou preceder consoante, deverá ser pronunciado como *l* e não como *u*.

** O *r* no início da palavra também tem o som de *r* de *maré*. Não existe em turco o som de *rr* como o da palavra *rua*.

Letra	Pronúncia	Transcrição
U u	u	u
Ü ü	ü	ü *(ver acima)*
V v	ve	v
Y y	iê	i*
Z z	ze	z

ABREVIATURAS USADAS NESTE GUIA

adj	adjetivo	*num*	numeral
adv	advérbio	*prep*	preposição
conj	conjunção	*pr obl*	pronome oblíquo
n	substantivo	*v*	verbo

---

* Dado o fato de o *y* ser transcrito com o *i*, será possível verificar em algumas palavras a presença de dois, três ou até mesmo quatro *i* juntos. Quanto maior a repetição, mais longa deverá ser pronunciada essa vogal.

OBS.: As letras *d* e *t*, ainda que seguidas de *i*, são pronunciadas da mesma maneira que o nosso *d* e *t* seguidos de *a*, *e*, *o* e *u*, ou seja, não têm o som de *dji* ou *tchi*.

CONVERSA DO DIA A DIA

Mesmo que você não conheça muito bem a pessoa com quem está falando, pode tratá-la pelo nome seguido de *Hanım* para uma mulher ou *Bey* para um homem (por exemplo, *Fatma Hanım* e *Ali Bey*).

Ao ser apresentado a alguém, caso não saiba direito o que fazer, mantenha contato visual, sorria e espere para seguir o que a outra pessoa fará. Em geral, ao serem apresentadas, as pessoas dão um aperto de mãos. Beijinhos e abraços são reservados aos amigos íntimos e familiares. A mãe de um amigo íntimo pode querer dar-lhe um grande abraço ou ofertar-lhe a mão para ser beijada, levando-a depois até sua testa em sinal de respeito. Simplesmente vá na onda.

O básico

boa noite	iyi akşamlar *iii akchamlar*
boa noite (*ao se despedir*)	iyi geceler *iii guedjeler*
boa tarde	iyi günler *iii günler*
bom dia	günaydın *günaidın*
como?	pardon? *pardon?*
desculpe	affedersiniz *affedersiniz*
não	hayır *haiir*
o.k., tudo bem	tamam *tamam*
obrigado(a)	teşekkürler *techekkürler*, teşekkür ederim *techekkür ederim*
oi	selam *selam*
olá	merhaba *mer-haba*
por favor	lütfen *lütfen*
sim	evet *evet*
tchau	hoşçakal *hoch-tchakal*

Expressando-se

eu gostaria ...
... istiyorum
... istiiorum

você quer ...?
... istiyor musun?
... istiior mussun?

tem um(a) ...?
bir ... var mı?
bir ... var mı?

como ...?
nasıl ...?
nassıl ...?

quando ...?
ne zaman ...?
ne zaman ...?

onde fica ...?
... nerede?
... nerede?

quanto custa isto?
kaç para?
katch para?

você fala inglês?
ingilizce konuşuyor musunuz?
inguilizdje konuchuior mussunuz?

como vai?
nasılsın?
nassılsın?

muito obrigado(a)
çok teşekkürler
tchok techekkürler

sim, por favor
evet, lütfen
evet, lütfen

nós gostaríamos ...
... istiyoruz
... istiioruz

você tem ...?
... var mı?
... var mı?

tem alguns/algumas ...?
hiç ... var mı?
hitch ... var mı?

por que ...?
neden ...?
neden ...?

o que ...?
ne ...?
ne ...?

onde ficam ...?
... neredeler?
... neredeler?

o que é isto?
o nedir?
o nedir?

onde ficam os toaletes, por favor?
tuvaletler nerede, lütfen?
tuvaletler nerede, lütfen?

bem, obrigado(a)
iyiyim, teşekkürler
iiiiim, techekkürler

não, obrigado(a)
hayır, teşekkürler
haiir, techekkürler

de nada
birşey değil
birchei deeil

até mais tarde
görüşürüz
görüchürüz

sinto muito
özür dilerim
özür dilerim

Compreendendo

açık aberto(a)
boş livre
bozuk quebrado(a)
çıkış saída
dikkat atenção
giriş entrada
hizmet dışı fora de serviço, em manutenção
park yasak/park yapılmaz proibido estacionar
rezervasyonlu reservado(a)
sigara içilmez proibido fumar
tuvaletler sanitários, toaletes
… var tem …

hoş geldiniz
bem-vindo(a) a

… mahsuru var mı?
você se importaria de …?

bir dakika, lütfen
um momento, por favor

lütfen oturun
sente-se, por favor

PROBLEMAS NA COMPREENSÃO DO TURCO

Expressando-se

como?
pardon?
pardon?

o quê?
efendim?
efendim?

poderia repetir, por favor?
lütfen tekrarlar mısınız?
lütfen tekrarlar mıssınız?

poderia falar mais devagar?
daha yavaş konuşur musunuz?
da<u>h</u>a iavach konuchur mussunuz?

não estou entendendo
anlamıyorum
anlamiiorum

entendo só um pouco de turco
biraz Türkçe anlıyorum
biraz türktche anlıiorum

consigo entender um pouco de turco, mas não consigo falar
Türkçe'yi biraz anlayabiliyorum, ama konuşamıyorum
türktcheii biraz anlaiabiliiorum, ama konuchamiiorum

quase nunca falo turco
çok az Türkçe konuşuyorum
tchok az türktche konuchuiorum

você fala inglês?
İngilizce konuşuyor musun?
inguilizdje konuchuior mussun?

como se diz ... em turco?
... Türkçe'de nasıl denir?
... türktchede nassıl denir?

como se escreve?
nasıl yazıyorsunuz?
nassıl yaziiorsunuz?

como se diz isso em turco?
şu, Türkçe'de nasıl söylenir?
chu, türktchede nassıl söilenir?

poderia anotar para mim?
onu benim için yazar mısınız?
onu benim itchin iazar mıssınız?

Compreendendo

Türkçe anlıyor musunuz?
você entende turco?

... demek
isto significa ...

onu senin için yazayım
vou anotar para você

o bir tür ...
é um tipo de ...

FALANDO SOBRE A LÍNGUA

Expressando-se

aprendi algumas palavras no meu guia de conversação
konuşma kılavuzumdan birkaç kelime öğrendim
konuchma kılavuzumdan birkatch kelime öörendim

aprendi isto na escola, mas esqueci tudo
okulda dersini gördüm, ama herşeyi unuttum
okulda dersini gördüm, ama hercheii unuttum

só consigo me virar um pouco
kendimi idare edebiliyorum
kendimi idare edebiliiorum

mal conheço duas palavras!
bir iki kelime ancak biliyorum
bir iki kelime andjak biliiorum

acho o turco uma língua difícil
bence Türkçe zor
bendje türktche zor

sei o básico, nada além disso
temel şeyleri biliyorum, ama hepsi o kadar
temel cheileri biliiorum, ama hepsi o kadar

as pessoas falam rápido demais para mim
insanlar bana göre çok hızlı konuşuyorlar
insanlar bana göre tchok hızlı konuchuiorlar

Compreendendo

telaffuzunuz iyi
sua pronúncia é boa

çok iyi Türkçe konuşuyorsunuz
você fala turco muito bem

CONVERSA DO DIA A DIA

FAZENDO PERGUNTAS SOBRE O CAMINHO

Expressando-se

desculpe, pode me dizer onde fica o(a) …, por favor?
affedersiniz, … nerede söyler misiniz?
affedersiniz, … nerede söiler missiniz?

qual é o caminho para …?
… 'e/a/ye/ya, nereden gidilir?
… 'e/a/ie/ia nereden guidilir?

poderia me dizer como chego a …?
bana … e/a/ye/ya nasıl gidilir söyler misiniz?
bana … e/a/ie/ia nassıl guidilir söiler missiniz?

há um(a) … aqui perto?
yakında bir … var mı?
iakında bir … var mı?

poderia me mostrar no mapa?
bana haritada gösterir misiniz?
bana haritada gösterir missiniz?

tem um mapa da cidade em algum lugar.
bir yerlerde şehrin haritası var mı?
bir ierlerde cheh-rin haritassı var mı?

é longe?
uzak mı?
uzak mı?

estou procurando …
… arıyorum
… ariorum

estou perdido(a)
kayboldum
kaiboldum

Compreendendo

aşağı git	descer
devam et	seguir em frente
dön	virar
dümdüz ilerle	sempre em frente
izlemek	seguir

sağ — direita
sol — esquerda
yukarı git — subir

yayan mısınız?
você está a pé?

arabayla beş dakika
fica a uns cinco minutos de carro

soldan birinci/ikinci/üçüncü sokak
é a primeira/segunda/terceira à esquerda

kavşaktan sağa dönün
vire à direita na rotatória

bankada sola dönün
vire à esquerda no banco

bir sonraki çıkışa gidin
pegue a próxima saída

uzak değil
não é longe

hemen köşebaşında
é logo dobrando a esquina

CONVERSA DO DIA A DIA

CONHECENDO PESSOAS

Quando os turcos lhe fazem perguntas pessoais, eles de fato estão interessados em ouvir o que você tem a lhes contar. Você pode ficar à vontade para compartilhar muitas ou poucas informações, conforme desejar. No entanto, não se sinta ofendido se um amigo turco expressar sua opinião em relação àquilo que você disse. Os turcos gostam de expressar suas opiniões assim como de saber o que os outros pensam.

O básico

amar	sevmek *sevmek*
bacana	hoş *hoch*
barato(a)	ucuz *udjuz*
bem	iyi *iii*
bom, boa	iyi *iii*
bonito(a)	güzel *güzel*
caro(a)	pahalı *pahalı*
chato(a)	sıkıcı *sıkıdjı*
gostar	hoşlanmak *hochlanmak*
interessante	ilginç *ilguintch*
maravilhoso(a)	harika *harika*
mau, má	kötü *kötü*
odiar	nefret etmek *nefret etmek*
razoável	fena değil *fena deeil*

APRESENTANDO-SE E DESCOBRINDO INFORMAÇÕES SOBRE AS OUTRAS PESSOAS

Expressando-se

meu nome é ...
benim adım ...
benim adım ...

qual é o seu nome?
adınız ne?
adınız ne?

prazer em conhecê-lo(a)!
memnun oldum
memnun oldum

este é o meu marido
bu kocam
bu kodjam

esta é minha esposa
bu eşim
bu echim

sou brasileiro(a)
ben Brezilyalıyım
ben brezilialıim

sou de(a) ...
... liyim/lıyım/luyum/lüyüm
... liiim/lıım/luium/lüüm

de onde você é?
nerelisin?
nerelissin?

quantos anos você tem?
kaç yaşındasın?
katch iachındassın?

tenho 22 anos
yirmi iki yaşındayım
iirmi iki iachındaiim

o que você faz da vida?
ne iş yapıyorsun?
ne ich iapıiorsun?

é estudante universitário(a)?
üniversite de mi okuyorsun?
üniversite de mi okuiorsun?

trabalho
çalışıyorum
tchalıchiiorum

estudo direito
hukuk okuyorum
hukuk okuiorum

sou professor
öğretmenim
ööretmenim

fico em casa com as crianças
evde çocuklara bakıyorum
evde tchodjuklara bakıiorum

CONHECENDO PESSOAS

trabalho meio período
yarım gün çalışıyorum
iarım gün tchalıchıiorum

trabalho com *marketing*
pazarlama alanında çalışıyorum
pazarlama alanında tchalıchıiorum

sou aposentado(a)
emekliyim
emekliiim

sou autônomo(a)
kendi işimi yapıyorum
kendi ichimi iapıiorum

tenho dois filhos
iki çocuğum var
iki tchodjuuum var

não temos filhos
çocuğumuz yok
tchodjuuumuz iok

dois meninos e uma menina
iki erkek bir kız
iki erkek bir kız

um menino de cinco e uma menina de dois
beş yaşında bir erkek ve iki yaşında bir kız
bech iachında bir erkek ve iki iachında bir kız

já esteve no Brasil?
Brezilya'ya hiç gittin mi?
brezilia'ia hitch guittin mi?

Compreendendo

Brezilyalı mısınız?
você é brasileiro(a)?

Brezilya'yı iyi bilirim
conheço bem o Brasil

bizde burada tatildeyiz
também estamos de férias aqui

bir gün Brezilya'ya gitmek istiyorum
eu gostaria de algum dia ir ao Brasil

FALANDO SOBRE SUA ESTADIA

Expressando-se

estou aqui a trabalho
iş için buradayım
ich itchin buradaiim

estamos de férias
tatildeyiz
tatildeiiz

cheguei há três dias
üç gün önce geldim
ütch gün öndje gueldim

estamos aqui há uma semana
bir haftadır buradayız
bir haftadır buradaiiz

só estou aqui para o fim de semana
sadece hafta sonu için buradayım
sadedje hafta sonu itchin buradaiim

só estamos de passagem
sadece buradan geçiyoruz
sadedje buradan gue-tchiioruz

esta é a nossa primeira vez na Turquia
Türkiye'ye ilk defa geliyoruz
türkiieie ilk defa guelioruz

viemos comemorar nosso aniversário de casamento
evlenme yıl dönümümüz için geldik
evlenme iil dönümümüz itchin gueldik

estamos em lua de mel
balayındayız
balaiindaiiz

estamos aqui com uns amigos
arkadaşlarla beraberiz
arkadachlarla beraberiz

estamos visitando os arredores
çevreyi turluyoruz
tchevreii turluioruz

conseguimos um voo barato
ucuz bir uçuş bulduk
udjuz bir u-tchuch bulduk

estamos pensando em comprar uma casa por aqui
buradan bir ev almayı düşünüyoruz
buradan bir ev almaii düchünüioruz

CONHECENDO PESSOAS

Compreendendo

iyi tatiller!
aproveite sua estadia!

kalan zamanınızda iyi tatiller!
aproveite o resto de suas férias!

Türkiye'ye ilk kez mi geliyorsunuz?
é sua primeira vez na Turquia?

ne kadar kalacaksınız?
quanto tempo vai ficar?

burayı sevdiniz mi?
está gostando daqui?

… 'e/a/ye/ya gittiniz mi?
esteve em …?

MANTENDO CONTATO

Expressando-se

deveríamos manter contato
bağlantıyı koparmayalım
baalantiıi koparmaialim

vou lhe dar meu *e-mail*
sana email adresimi vereyim
sana imeil adressimi vereiim

aqui está meu endereço, caso algum dia você vá ao Brasil
bir gün Brezilya'ya gelirsen, işte adresim
bir gün breziliaia guelirsen ichte adressim

Compreendendo

bana adresini verir misin?
quer me dar seu endereço?

email adresin var mı?
você tem *e-mail*?

herzaman gelip bizimle kalabilirsin
vocês são sempre bem-vindos para ficar aqui conosco

EXPRESSANDO SUA OPINIÃO

Algumas expressões informais

çok sıkıcıydı foi muito chato
harika vakit geçirdim foi muito legal
ilginç ve farklı buldum achei isto interessante e diferente

Expressando-se

realmente gosto ...
... i/ı/u/ü çok beğeniyorum
... i/ı/u/ü tchok beeeniiorum

realmente gostei ...
... i/ı/u/ü çok beğendim
... i/ı/u/ü tchok beeendim

não gosto ...
... i/ı/u/ü beğenmiyorum
... i/ı/u/ü beeenmiiorum

não gostei ...
... i/ı/u/ü beğenmedim
... i/ı/u/ü beeenmedim

adoro ...
... i/ı/u/ü seviyorum
... i/ı/u/ü seviiorum

adorei ...
... i/ı/u/ü sevdim
... i/ı/u/ü sevdim

eu gostaria ...
... istiyorum
... istiiorum

eu teria gostado ...
... isterdim
... isterdim

acho isto ...
... buluyorum
... buluiorum

achei isto ...
... buldum
... buldum

é adorável
enfes
enfes

foi adorável
enfesti
enfesti

concordo
katılıyorum
katılıiorum

não concordo
katılmıyorum
katılmıiorum

não sei
bilmiyorum
bilmiiorum

não me importo
bence farketmez
bendje farketmez

isto está soando desagradável
kulağa hoş gelmiyor
kulaaa hoch guelmiior

isto parece interessante
kulağa ilginç geliyor
kulaaa ilguintch guelior

isto realmente me chateia
canımı sıkıyor
djanımı sıkıor

estava chato
sıkıcıydı
sıkıdjıidı

isto é um roubo
çok pahalı
tchok pahalı

fica muito cheio à noite
geceleri çok kalabalıktır
guedjeleri tchok kalabalıktır

CONHECENDO PESSOAS

é muito cheio
aşırı kalabalık
achırı kalabalık

é muito calmo
çok sakin
tchok sakin

realmente me diverti muito
çok güzel vakit geçirdim
tchok güzel vakit gue-tchirdim

nós nos divertimos muito
harika vakit geçirdik
harika vakit gue-tchirdik

estava mesmo um astral muito bom
çok iyi bir ortam vardı
tchok iii bir ortam vardı

conhecemos umas pessoas legais
hoş insanlarla tanıştık
hoch insanlarla tanıchtık

achamos um hotel ótimo
harika bir otel bulduk
harika bir otel bulduk

Compreendendo

... sever misiniz?
você gosta …?

güzel vakit geçirdiniz mi?
vocês se divertiram?

... e/a/ye/ya gitmelisiniz
você deveria ir para …

... i/ı/u/ü tavsiye ederim
eu sugiro …

enfes bir bölgedir
é um lugar muito agradável

orada çok turist yoktur
não há muitos turistas lá

hafta sonu gitmeyin, çok kalabalıktır
não vá no final de semana, fica muito cheio

fiyatı biraz fazla abartılmış
[o preço] é um pouco exagerado

FALANDO SOBRE O TEMPO

Algumas expressões informais

sıcaktan bunaldık estava insuportavelmente quente
soğuktan donduk estava insuportavelmente frio
şakır şakır yağmur yağdı caiu a maior chuva

CONHECENDO PESSOAS

Expressando-se

você viu a previsão do tempo para amanhã?
yarınki hava durumunu izledin mi?
iarınki hava durumunu izledin mi?

vai melhorar
hava güzel olacak
hava güzel oladjak

o tempo vai piorar
hava kötü olacak
hava kötü oladjak

está realmente quente
gerçekten çok sıcak
guer-tchekten tchok sıdjak

esfria muito à noite
geceleri soğuk olur
guedjeleri soouk olur

o tempo estava ótimo
hava güzeldi
hava güzeldi

choveu algumas vezes
birkaç kez yağmur yağdı
birkatch kez iaamur iaadı

houve uma tempestade
fırtına ve gökgürültüsü vardı
fırtına ve gökgürültüssü vardı

o tempo estava lindo a semana toda
hava tüm hafta boyunca enfesti
hava tüm hafta boiundja enfesti

está muito úmido aqui
burada hava çok nemli
burada hava tchok nemli

tivemos sorte com o tempo
havadan yana şanslıyız
havadan iana chanslıiız

Compreendendo

yağmur yağacak dendi
a previsão é de chuva

haftanın geri kalanı için hava güzel olacak dendi
a previsão é de tempo bom para o resto da semana

yarın gene sıcak olacak
amanhã vai esquentar de novo

CONHECENDO PESSOAS

VIAJANDO

O básico

aeroporto	havaalanı *havaalanı*
alugar	kiralamak *kiralamak*
avião	uçak *u-tchak*
balsa	feribot *feribot*
barco	gemi *guemi*
bonde	tramvay *tramvai*
carro	araba *araba*
cartão de embarque	biniş kartı *binich kartı*
centro da cidade	şehir merkezi *chehir merkezi*
check-in	çekin *tchekin*
embarque	uçağa biniş *u-tchaaa binich*
estação de metrô	metro istasyonu *metro istassionu*
estação ferroviária	gar *gar*
estrada	yol *iol*
guarda-volumes (*seção*)	emanet *emanet*
guia de ruas	sokak haritası *sokak haritassı*
mala	valiz *valiz*
mapa	harita *harita*
metrô	metro *metro*
ônibus	otobüs *otobüs*
ônibus circular (*shuttle*)	servis *servis*
ônibus de viagem/turismo	şehirlerarası otobüs *chehirlerarassı otobüs*
passagem	bilet *bilet*
passagem de ida	gidiş bileti *guidich bileti*
passagem de ida e volta	gidiş dönüş (bilet) *guidich dönüch (bilet)*
passaporte	pasaport *passaport*
plataforma	peron *peron*
ponto de ônibus	otobüs durağı *otobüs duraaı*
portão de embarque	kapı *kapı*
reservar	ayırtmak *aiirtmak*
rodovia	otoyol *otoiol*
rodoviária	otogar *otogar*
rua	sokak *sokak*
tabela de horários	tarife *tarife*

táxi	taksi *taksi*
terminal	terminal *terminal*
trem	tren *tren*
voo	uçuş *u-tchuch*

Expressando-se

onde posso comprar passagens?
nereden bilet alabilirim?
nereden bilet alabilirim?

uma passagem para ..., por favor
… 'e/a/ye/ya bir bilet, lütfen
… 'e/a/ie/ia bir bilet lütfen

eu gostaria de reservar uma passagem
bir bilet ayırtmak istiyorum
bir bilet aiirtmak istiiorum

quanto custa uma passagem para …?
… ' e/a/ye/ya bir bilet ne kadar?
… ' e/a/ie/ia bir bilet ne kadar?

tem algum desconto para estudantes?
öğrenci indirimi var mı?
öörendji indirimi var mı?

poderia me dar uma tabela de horários, por favor?
bir tarife çizelgesi alabilir miyim, lütfen?
bir tarife tchizelguessi alabilir miiim, lütfen?

tem algum mais cedo/tarde?
daha erken/geç olanı var mı?
daha erken/guetch olanı var mı?

quanto tempo dura a viagem?
yolculuk ne kadar sürüyor?
ioldjuluk ne kadar sürüior?

este lugar está livre?
bu yer boş mu?
bu ier boch mu?

VIAJANDO

sinto muito, tem alguém sentado aí
üzgünüm, orada oturan birisi var
üzgünüm, orada oturan birissi var

Compreendendo

> **Decifrando as abreviaturas**
> **DHML** (= Devlet Hava Meydanları ve Limanları) Aeroportos e portos do Estado
> **İETT** (= İstanbul Elektrik Tünel Tramvay İşletmesi) Transporte público de Istambul
> **TCDD** (= Türkiye Cumhuriyeti Devlet Demiryolları) Ferrovias públicas da República da Turquia
> **THY** (= Türk Hava Yolları) Linhas aéreas da Turquia

aktarma	conexões
bayan	senhoras, sanitário feminino
bilet	bilhete, passagem
bilgi	informação
çıkış	saída
erkek	cavalheiros, sanitário masculino
gecikmeli	atrasado(a)
gelen yolcu	chegadas
giden yolcu	partidas
giriş	entrada
giriş yok	entrada proibida
gişe	bilheteria, guichê
iptal	cancelado(a)
kadın	mulheres, sanitário feminino
tuvaletler	toaletes

heryer tamamen dolu
está tudo vendido

DE AVIÃO

Para se deslocar às cidades grandes da Turquia e para ir de Istambul, Ancara e Izmir aos *resorts* turísticos na costa do Egeu e na costa sul é conveniente viajar de avião. Há várias companhias que oferecem diariamente voos regulares. A THY (Turkish Airlines), em particular, oferece uma série de voos domésticos rápidos e regulares a preços razoáveis. Entretanto, comparados aos outros meios de transportes domésticos, os aviões são um pouco mais caros.

Expressando-se

onde é o *check-in* da ...?
... çekin masası nerede?
... tchekin massassı nerede?

tenho um bilhete eletrônico
benim elektronik biletim var
benim elektronik biletim var

uma mala e uma bagagem de mão
bir valiz ve bir kabin valizi
bir valiz ve bir kabin valizi

a que horas embarcamos?
saat kaçta uçağa biniyoruz?
saat katchta u-tchaaa biniioruz?

eu gostaria de confirmar meu voo da volta
dönüş uçuşumu onaylatmak istiyorum
dönüch u-tchuchumu onailatmak istiiorum

uma de minhas malas se extraviou
valizlerimden birisi kayıp
valizlerimden birissi kaiıp

minha bagagem não chegou
valizim gelmedi
valizim guelmedi

o voo estava duas horas atrasado
uçak iki saat geç kaldı
u-tchak iki saat guetch kaldı

perdi a conexão
aktarma yapacağım uçağı kaçırdım
aktarma iapadjaaım u-tchaaı ka-tchırdım

VIAJANDO

esqueci algo no avião
uçakta bir şey unuttum
u-tchakta bir chei unuttum

gostaria de informar o extravio de minha bagagem
valizimin kaybolduğunu beyan etmek istiyorum
valizimin kaibolduuunu beian etmek istiiorum

Compreendendo

bagaj	entrega de bagagem
çekin	*check-in*
giden yolcu salonu	sala de embarque
gümrük	alfândega
gümrüklü eşyalar	bens a declarar
gümrüksüz	*free shop*
gümrüksüz çıkış	nada a declarar
iç hatlar	voos domésticos
pasaport kontrol	controle de passaportes
uçağa anında biniş	embarque imediato

lütfen giden yolcu salonunda bekleyiniz
favor aguardar na sala de embarque

pencere kenarı mı koridor mu istiyorsunuz?
você prefere um lugar na janela ou no corredor?

... 'de/da/te/ta aktarma yapmanız gerekiyor
você terá de fazer conexão em ...

kaç tane valiziniz var?
quantas malas você tem?

valizlerinizin hepsini siz mi paketlediniz?
foi você mesmo quem fez as malas?

uçağa almanız için kimse size bir şey verdi mi?
alguém lhe deu algo para trazer no avião?

valiziniz beş kilo fazla
sua mala está cinco quilos acima do peso

buyrun biniş kartınız	**uçağa biniş saat ... de/da/te/ta**
aqui está seu cartão de embarque	o embarque terá início às ...

VIAJANDO

lütfen … numaralı çıkış kapısına gidiniz
por favor, dirija-se ao portão número …

… için son çağrı
esta é a última chamada para …

valizinizin geldiğini öğrenmek için bu numarayı arayabilirsiniz?
você pode ligar para este número para saber se sua bagagem chegou

DE TREM, ÔNIBUS DE VIAGEM, ÔNIBUS URBANO, METRÔ E BONDE

Com exceção da linha Istambul-Ancara, os trens são poucos e muito espaçados, além de os serviços serem lentos. Os trens partem de Istambul para Ancara da estação Haydarpasa no banco asiático do Bósforo.

O melhor jeito de circular pelo país é com os ônibus de viagem. Esses ônibus são relativamente rápidos, limpos, confortáveis e baratos. A malha viária cobre todo o país. As rodoviárias (**otogar**) são imensas, praticamente uma cidade dentro de outra, sendo as rodoviárias de Istambul e Ancara especialmente grandes. Você poderá comprar as passagens na estação rodoviária (para o próximo ônibus), em agências de viagens ou nos escritórios das empresas de ônibus no centro da cidade.

Outro meio de transporte bastante popular, utilizado para viagens mais curtas, é o **dolmuş** (*dolmuch*), um tipo de miniônibus que só sai depois de cheio (levando de 8 a 15 passageiros) e segue rotas específicas nas cidades e arredores.

Nas cidades, as pessoas em geral viajam de ônibus ou de **dolmuş**. Você poderá comprar as passagens para os ônibus urbanos nas bancas de jornais próximas aos grandes pontos de ônibus (as de Istambul são sinalizadas com a placa **IETT**). No **dolmuş**, você efetua o pagamento da passagem dentro do veículo, já acomodado no banco.

Istambul tem duas linhas de metrô e uma de bonde. As passagens podem ser compradas nas estações.

Expressando-se

poderia me dar um mapa do metrô?
bir metro haritası alabilir miyim, lütfen?
bir metro haritassı alabilir miiiim, lütfen?

a que horas é o próximo trem para ...?
... 'e/a/ye/ya bir sonraki tren ne zaman?
... 'e/a/ie/ia bir sonraki tren ne zaman?

a que horas sai o último trem?
en son tren ne zaman?
en son tren ne zaman?

qual é a plataforma para ...?
... için kaçıncı peron?
... itchin ka-tchındjı peron?

onde posso pegar um ônibus para ...?
... 'e/a/ye/ya gitmek için otobüse nereden binebilirim?
... 'e/a/ie/ia guitmek itchin otobüsse nereden binebilirim?

que linha devo tomar para chegar a ...?
... 'e/a/ye/ya gitmek için hangi hattı alayım?
... 'e/a/ie/ia guitmek itchin hangui hattı alaıım?

é aqui o ponto para ...?
... durağı burası mı?
... duraaı burassı mı?

é daqui que parte o ônibus de viagem para ...?
... 'e/a/ye/ya giden şehirlerarası otobüsün kalktığı yer burası mı?
... 'e/a/ie/ia guiden chehirlerarassı otobüssün kalktıı ier burassı mı?

poderia me dizer quando tenho que descer?
ne zaman inmem gerektiğini söyler misiniz?
ne zaman inmem guerektiiini söiler missiniz?

perdi o trem/ônibus
trenimi/otobüsümü kaçırdım
trenimi/otobüssümü ka-tchırdım

Compreendendo

aylık	mensal
gişe/bilet satış yeri	bilheteria
günlük biletler	passagens para viajar hoje
günlük	diária

haftalık semanal
rezervsayonlar reservas
trenlere para os trens

biraz ileride sağda bir durak var **... numaralı otobüse binmeniz gerek**
tem um ponto logo ali à direita você tem que pegar o ônibus número …

lütfen ücreti tam veriniz
somente o valor exato, por favor

... 'de/da/te/ta aktarma yapmanız gerekecek
você tem de fazer baldeação em …

bu tren ... 'de/da/te/ta dururur/... 'e gider **buradan iki durak sonra**
este trem para em … a dois pontos daqui

DE CARRO

As estradas turcas estão em estado relativamente bom. Nas poucas rodovias em geral há pedágios. É fácil alugar um carro de uma das grandes empresas de locação de automóveis (Avis, Hertz etc.). Em cidades grandes, como Istambul, o trânsito pode ser bem pesado nos horários de pico. Você também deve estar ciente de que a Turquia tem altos índices de acidentes em estradas. É comum encontrar vários postos de combustíveis, no entanto o preço da gasolina não é especialmente baixo. Boa parte dos postos (mas não todos) vende gasolina sem chumbo.

Pegar carona é algo raro, além de não ser aconselhável, principalmente em áreas rurais e não turísticas, ou quando se está sozinho, ainda que em áreas turísticas. Entretanto, no verão, é algo muito praticado pelos jovens turcos nas grandes cidades e nas regiões turísticas.

Nas cidades e nas estâncias turísticas há um grande número de táxis. Eles são baratos e fáceis de localizar, pois são amarelos. Se o táxi estiver livre, a luz estará acesa. Ao entrar no táxi, verifique sempre se o taxímetro está zerado. Após a meia-noite cobra-se uma espécie de "bandeira dois" (**gece**), mas não há taxa extra para bagagens, como em alguns países.

Expressando-se

onde posso encontrar um posto de gasolina?
nerede benzin istasyonu bulabilirim?
nerede benzin istassionu bulabilirim?

gasolina sem chumbo, por favor
kurşunsuz benzin, lütfen
kurchunsuz benzin, lütfen

quanto custa o litro?
litresi kaç para?
litressi katch para?

ficamos parados em um congestionamento
trafikte takılı kaldık
trafikte takılı kaldık

tem alguma oficina mecânica aqui perto?
buralarda oto tamirci var mı?
buralarda oto tamirdji var mı?

poderia nos ajudar a empurrar o carro?
arabayı itmek için bize yardım eder misiniz?
arabaıı itmek itchin bize iardım eder missiniz?

a bateria acabou
akü bitmiş
akü bitmich

tive um problema mecânico
arabam bozuldu
arabam bozuldu

estou com um pneu furado e o estepe está murcho
lastik patladı ve stepne de inik
lastik patladı ve stepne de inik

ficamos sem gasolina
benzinimiz bitti
benzinimiz bitti

acabamos de sofrer um acidente
az önce bir kaza geçirdik
az öndje bir kaza gue-tchirdik

perdi a chave do meu carro
arabamın anahtarlarını kaybettim
arabamın anahtarlarını kaibettim

quanto tempo vai demorar para consertar?
tamiri ne kadar sürer?
tamiri ne kadar sürer?

◆ Alugando um carro

eu gostaria de alugar um carro por uma semana
bir haftalık araba kiralamak istiyorum
bir haftalık araba kiralamak istiiorum

um (carro) automático
otomatik vitesli (araba)
otomatik vitesli (araba)

eu gostaria de fazer um seguro total
ful kasko istiyorum
ful kasko istiiorum

◆ Tomando um táxi

tem algum ponto de táxi aqui perto?
buralarda taksi durağı var mı?
buralarda taksi duraaı var mı?

eu gostaria de ir para ...
... 'e/a/ye/ya gitmek istiyorum
... 'e/a/ie/ia guitmek istiiorum

eu gostaria de reservar um táxi para as 8h da noite
akşam sekiz e bir taksi çağırmak istiyorum
akcham sekiz e bir taksi tchaaırmak istiiorum

pode me deixar aqui, obrigado(a)
burada indirebilirsiniz, teşekkürler
burada indirebilirsiniz, techekkürler

quanto vai custar a corrida até o aeroporto?
havaalanına kadar ne kadar tutar?
havaalanına kadar ne kadar tutar?

◆ Pegando carona

estou indo para ...
... 'e/a/ye/ya gidiyorum
... 'e/a/ie/ia guidiiorum

pode me deixar aqui?
beni burada bırakır mısınız?
beni burada bırakır mıssınız?

poderia me levar até ...?
beni ... 'e/a/ye/ya kadar götürür müsünüz?
beni ... 'e/a/ie/ia kadar götürür müssünüz?

obrigado(a) pela carona
otostop için teşekkürler
otostop itchin techekkürler

pegamos uma carona
otostop yaptık
otostop iaptık

Compreendendo

araba kiralama	aluguel de automóveis
biletinizi atmayın	guarde seu tíquete
boş yer var	há vagas livres (*estacionamento*)
bütün yönler	todas as direções
diğer yönler	outras direções
dolu	lotado (*estacionamento*)
gişeler	pedágios
kendi şeridinizde kalınız	mantenha-se na faixa
otomatik geçiş	passe automático
oto park	estacionamento
park yapılmaz (yasak)	proibido estacionar
yavaş	devagar

ehliyetiniz, başka bir kimlik daha, adresiniz ve kredi kartınız lazım
vou precisar de sua carteira de motorista, alguma outra identidade, comprovante de endereço e cartão de crédito

üç yüz liralık bir kapora var
há um depósito de 300 liras

tamam, bin, seni ... 'e/a/ye/ya kadar götüreyim
certo, entre, levo-o(a) até ...

DE BARCO

Em Istambul, há balsas (**vapur**) para atravessar o Bósforo e para ir às ilhas (Büyükada, Kınalıada, Heybeliada). Em Izmir também há balsas para atravessar o golfo de Konak a Karşıyaka.

Os *resorts* no litoral oferecem uma enorme gama de viagens e cruzeiros pelo Egeu e pelo Mediterrâneo.

De Istambul você pode ir de veleiro a várias cidades banhadas pelo mar de Mármara e pelo mar Negro, mas os cruzeiros por essa região não são muito frequentes.

Expressando-se

de quanto tempo é a travessia?
karşıya geçiş ne kadar sürüyor?
karchiia gue-tchich ne kadar sürüior?

estou com enjoo
deniz tuttu
deniz tuttu

Compreendendo

bir sonraki karşıya geçiş noktası ... 'de/da/te/ta
próxima travessia às ...

sadece yayan yolcular
somente para passageiros a pé

HOSPEDAGEM

Você encontrará acomodação na Turquia para qualquer orçamento. A qualidade dos serviços dependerá de o estabelecimento ter ou não o registro do Ministério da Cultura e Turismo. Em tese todos os hotéis e pensões deveriam ser registrados nesse Ministério e seguir as orientações fornecidas por ele. Se você não tiver feito reserva com antecedência, é sempre melhor ir a um centro de turismo da cidade para obter informações sobre as possibilidades de hospedagem. Na época da alta temporada você poderá ter dificuldades para achar um lugar para se hospedar nas lotadas áreas turísticas, a não ser que tenha feito reserva antecipada; e os preços geralmente são mais altos do que no outono ou no inverno. Se quiser acampar ou hospedar-se num albergue da juventude, é aconselhável informar-se sobre as opções antes de embarcar para a Turquia. Também é aconselhável telefonar antes, visto que esses locais podem não estar abertos em qualquer época do ano. Geralmente a estadia só é paga na saída, mas pode ser que seja necessário fazer um depósito para realizar a reserva.

O básico

acomodação com cozinha	kendi yiyeceğini sağlama *kendi iiiedjeelnl saalama*
albergue da juventude	gençlik otel *guen-tchlik otel*
alugar	kiralamak *kiralamak*
aluguel	kira *kira*
banheiro	banyo *banio*
banheiro com chuveiro/ducha	duşlu banyo *duchlu banio*
banho	küvet *küvet*
barraca	çadır *tchadır*
bed and breakfast, **pensão**	yatak ve kahvaltı *iatak ve kahvaltı*
cama	yatak *iatak*
cama de casal	çift kişilik yatak *tchift kichilik iatak*
cama de solteiro	tek kişilik yatak *tek kichilik iatak*
camping, **acampamento**	kamp alanı *kamp alanı*
casa de campo	kulübe *kulübe*, yazlık *iazlık*
chave	anahtar *anahtar*

chuveiro, ducha	duş *duch*
flat	daire *daire*
hotel	otel *otel*
locatário	kiracı *kiradji*
meia pensão	yarım pansiyon *iarium pansiion*
pensão completa	tam pansiyon *tam pansiion*
quarto de casal	çift kişilik oda *tchift kichilik oda*
quarto de solteiro	tek kişilik oda *tek kichilik oda*
quarto familiar	aile odası *aile odassi*
reservar	ayırtmak *aiirtmak*
sanitários, toaletes	tuvaletler *tuvaletler*
suíte	banyolu oda *baniolu oda*
TV a cabo	kablolu televizyon *kablolu televizion*
trailer	karavan *karavan*
tudo incluído	her şey dahil *her chei dahil*

Expressando-se

tenho uma reserva **o nome é ...**
rezervasyonum var ... adına
rezervassionum var *... adına*

vocês aceitam cartões de crédito?
kredi kartı geçiyor mu?
kredi kartı gue-tchiior mu?

Compreendendo

boş odalar	quartos vagos
dolu	lotado(a)
özel	particular
resepsiyon	recepção
tuvaletler	toaletes, sanitários

pasaportunuzu görebilir miyim, lütfen?
posso ver seu passaporte, por favor?

bu formu doldurun, lütfen?
poderia preencher este formulário?

HOSPEDAGEM

HOTÉIS

Expressando-se

há quartos disponíveis?
boş odanız var mı?
boch odanız var mı?

quanto é a diária de um quarto de casal?
çift kişilik oda, bir gece kaç para?
tchift kichilik oda, bir guedje katch para?

eu gostaria de reservar um quarto de casal/um quarto de solteiro
çift kişilik/tek kişilik bir oda ayırtmak istiyorum
tchift kichilik/tek kichilik bir oda aiirtmak istiiorum

por três noites
üç gecelik
ütch guedjelik

seria possível ficar uma noite a mais?
bir gece daha kalmak mümkün mü?
bir guedje daha kalmak mümkün mü?

há quartos disponíveis para hoje à noite?
bu gece boş odanız var mı?
bu guedje buch odanız var mı?

há quartos para famílias?
aile odanız var mı?
aile odanız var mı?

seria possível colocar uma cama a mais?
bir yatak daha eklemek mümkün mü?
bir iatak daha eklemek mümkün mü?

posso ver o quarto antes?
önce odayı görebilir miyim?
öndje odaii görebilir miiim?

teria algum quarto maior/mais silencioso?
daha büyük/sessiz odanız var mı?
daha büiük/sessiz odanız var mı?

este está bom, fico com ele
bu iyi, tutuyorum
bu iii tutuiorum

poderia recomendar-me outros hotéis?
başka bir otel tavsiye edebilir misiniz?
bachka bir otel tavsiie edebilir missiniz?

o café da manhã está incluído?
kahvaltı dahil mi?
kahvaltı dahil mi?

a que horas é servido o café da manhã?
kahvaltı ne zaman?
kahvaltı ne zaman?

tem elevador?
asansör var mı?
assansör var mı?

o hotel fica perto do centro da cidade?
otel şehir merkezine yakın mı?
otel chehir merkezine iakın mı?

a que horas o quarto fica pronto?
oda ne zaman hazır olur?
oda ne zaman hazır olur?

a chave do quarto ..., por favor
... numaralı odanın anahtarı, lütfen
... numaralı odanın anahtarı, lütfen

posso ter um cobertor extra?
bir battaniye daha alabilir miyim?
bir battaniie daha alabilir miiim?

o ar-condicionado não está funcionando
klima çalışmıyor
klima tchalıchmıior

Compreendendo

üzgünüm, ama doluyuz
sinto muito, mas estamos lotados

sadece bir kişilik odamız var
só temos disponível um quarto de solteiro

kaç gecelik?
para quantas noites?

adınız, lütfen?
qual é o seu nome, por favor?

çek-in/giriş öğlen başlar
o check-in é a partir do meio-dia

onbirden önce çıkış yapmalısınız
você tem de fazer o checkout antes das 11h da manhã

kahvaltı servisi saat yedi buçukla dokuz arasında restoranda
o café da manhã é servido no restaurante das 7h30 às 9h da manhã

sabah gazete istiyor musunuz?
você vai querer um jornal pela manhã?

odanız henüz hazır değil
seu quarto ainda não está pronto

çantalarınızı/bavullarınızı/valizlerinizi buraya bırakabilirsiniz
pode deixar suas malas aqui

ALBERGUES DA JUVENTUDE

Expressando-se

tem vaga para duas pessoas para esta noite?
bu gece iki kişilik yeriniz var mı?
bu guedje iki kichilik ieriniz var mı?

nós reservamos duas camas por três noites
üç gece için iki kişilik oda ayırttık
ütch guedje itchin iki kichilik oda aiırttık

posso deixar minha mochila na recepção?
sırt çantamı resepsiyonda bırakabilir miyim?
sırt tchantamı ressepsiionda bırakabilir miiim?

tem algum lugar em que possamos deixar nossas bicicletas?
bisikletlerimiz için yeriniz var mı?
bissikletlerimiz itchin ieriniz var mı?

voltarei lá pelas 7h
saat yedi gibi gelirim
saat iedi guibi guelirim

não tem água quente
hiç sıcak su yok
hitch sıdjak su iok

a pia está entupida
lavabo tıkalı
lavabo tıkalı

Compreendendo

üye kartınız var mı?
você tem carteirinha de membro?

yatak çarşafı verilir
fornecemos roupa de cama

yurt/otel akşam saat altıda yeniden açılır
o albergue reabre às 6h da tarde

ACOMODAÇÃO COM COZINHA

Expressando-se

estamos procurando algo para alugar próximo à cidade
şehre yakın kiralık bir yer arıyoruz
chehre iakın kiralık bir ier arıoruz

onde podemos deixar/pegar as chaves?
anahtarları nereden alalım/nereye bırakalım?
anahtarları nereden alalım/nereie bırakalım?

a eletricidade está incluída no preço?
fiyata elektrik dahil mi?
fiiata elektrik dahil mi?

tem roupa de cama e de banho?
yatak çarşafı ve havlu veriliyor mu?
iatak tcharchafı ve havlu veriliior mu?

precisa de carro?
araba gerekli mi?
araba guerekli mi?

tem piscina?
havuz var mı?
havuz var mı?

a acomodação é adequada para pessoas de idade?
konaklama yeri yaşlılar için uygun mu?
konaklama ieri iachlılar itchin uigun mu?

onde fica o supermercado mais próximo?
en yakın süpermarket nerede?
en iakın süpermarket nerede?

Compreendendo

lütfen ayrılırken evi temiz ve düzenli bırakınız
favor deixar a casa limpa e arrumada quando for embora

ev dayalı döşeli
a casa é totalmente mobiliada

fiyata her şey dahil
está tudo incluído no preço

ülkenin bu kesiminde gerçekten arabaya ihtiyacınız var
você realmente vai precisar de carro nesta parte do país

CAMPING

Expressando-se

tem algum *camping* aqui perto?
buralarda kamp alanı var mı?
buralarda kamp alanı var mı?

eu gostaria de reservar um espaço para uma barraca de duas pessoas por três noites
iki kişilik bir çadırda üç gece için yer ayırtmak istiyorum
iki kichilik bir tchadırda ütch guedje itchin ier aiırtmak istiiorum

quanto é o pernoite?
bir gecesi kaç para?
bir guedjessi katch para?

onde ficam os chuveiros?
duşlar nerede?
duchlar nerede?

podemos pagar, por favor? estávamos no espaço …
ödeme yapabilir miyiz, lütfen? … numaralı kamp yerindeydik
ödeme iapabilir miiiz, lütfen? … numaralı kamp ierindeidik

Compreendendo

bir kişi bir gece … lira
é … liras por pessoa e por noite

bir şey lazım olursa sormanız yeterli
se precisar de algo, é só vir e pedir

COMENDO E BEBENDO

Na maioria das cidades turcas, dependendo do horário e do tempo disponível que se tiver para comer, é possível optar entre comer um **döner kebap** ("churrasco grego") ou uma **tost** (torrada com queijo) num **büfe** (pequeno quiosque de rua), ou então ir sentar-se num **lokanta** ou **restoran**.

Os estabelecimentos chamados **lokanta** costumam servir comida caseira, como cozidos e sopas, mas podem também ser especializados em outros tipos de comida. Um **kebapçı** é uma kebaberia, ou seja, um lugar especializado em preparar **kebap**, **pide** (*pizza* turca) ou **lahmacun**, enquanto o **börekçi** é um lugar especializado em **börek** (*bureka*, uma espécie de pastel assado de massa folhada). Todos esses tipos de estabelecimentos geralmente têm preços bem razoáveis. Eles não servem bebidas alcoólicas e, às vezes, nem mesmo café, mas sempre é possível pedir chá.

Um **restoran** (restaurante) ou um **meyhane** (taverna) será um pouquinho mais caro e oferecerá vários pratos de peixe e carne. Neles, assim como nos restaurantes chamados **balık evi** (restaurantes especializados em peixes) ou nos **gazino** (restaurantes noturnos com música ao vivo e, às vezes, dançarinos), você poderá pedir bebidas alcoólicas.

Em quase todos os tipos de restaurantes, você poderá pedir os deliciosos **meze** (pequenas entradas frias ou quentes), que todos deveriam experimentar. Aliás, é possível fazer até mesmo uma refeição completa só com elas. O pão geralmente é grátis. Exceto em Istambul, onde é recomendável pedir água mineral, nas demais localidades pode-se beber água da torneira sem problemas.

Em geral há poucas opções de sobremesas ou mesmo nenhuma. Um prato de frutas é a sobremesa mais comum. Por outro lado, há confeitarias e casas de chá onde se podem degustar doces tradicionais, como **baklava** e **künefe**. Esses estabelecimentos chamam-se **pastane** ou **muhallebici**.

Uma das bebidas nacionais é o chá, que é produzido no local. Os salões de chá tradicionais (**çay salonu**) são apenas para homens, que vão a esses locais para tomar chá (nunca álcool) e jogar cartas. A outra bebida nacional é o **rakı**, que tem alto teor alcoólico e é aromatizado com anis. Ele é bebido diluído em água. O **rakı** deve ser consumido com moderação, não importa quão insistentes sejam seus amigos turcos! O suco de laranja feito na hora (**portakal suyu**) é outra bebida popular e muito barata. Finalmente, os vinhos vindos de Nevşehir, Ancara, Trácia e da região da Anatólia são especialmente bons e relativamente baratos, mesmo nos restaurantes.

Nos restaurantes e cafés, o serviço está incluído no preço, mas é hábito deixar uma gorjeta (5 a 10 por cento, dependendo do padrão do restaurante).

O básico

água	su *su*
água mineral	maden suyu *maden suiu*
almoçar	öğle yemeği yemek *ööle iemeei iemek*
almoço	öğle yemeği *ööle iemeei*
café	kahve *kahve*
café com leite	sütlü kahve *sütlü kahve*
café da manhã	kahvaltı *kahvaltı*
café preto	sade kahve *sade kahve*
carta de vinhos	şarap listesi *charap listessi*
cerveja	bira *bira*
chá	çay *tchai*
Coca-cola®	kola *kola*
comer	yemek *iemek*
conta	hesap *hessap*
entrada, aperitivo	meze *meze*
fazer o pedido	sipariş vermek *siparich vermek*
garrafa	şişe *chiche*
gaseificado(a)	(água) soda *soda*; (vinho) köpüklü *köpüklü*
gorjeta	bahşiş *bahchich*
jantar (*subst*)	akşam yemeği *akcham iemeei*
jantar (*v*)	akşam yemeği yemek *akcham iemeei iemek*
limonada	limonata *limonata*
menu	menü *menü*
pão	ekmek *ekmek*

COMENDO E BEBENDO

prato principal	ana yemek *ana iemek*
salada	salata *salata*
sanduíche	sandviç *sandvitch*
serviço	servis *servis*
sobremesa	tatlı *tatlı*
suco de fruta	meyve suyu *meive suiu*
tomar café da manhã	kahvaltı yapmak *kahvaltı iapmak*
vinho	şarap *charap*
vinho branco	beyaz şarap *beiaz charap*
vinho *rosé*	pembe şarap *pembe charap*
vinho tinto	kırmızı şarap *kırmızı charap*

Expressando-se

vamos sair e comer alguma coisa?
gidip birşeyler yiyelim mi?
guidip bircheiler iiielim mi?

quer sair para tomar alguma coisa?
çıkıp birşeyler içmek ister misin?
tchıkıp bircheiler itchmek ister missin?

poderia me recomendar um bom restaurante?
iyi bir restoran tavsiye edebilir misiniz?
iii bir restoran tavsie edebilir missiniz?

não estou com muita fome
çok aç değilim
tchok atch deeilim

por favor! (*para chamar o garçom*)
bakar mısınız?
bakar mıssınız?

saúde!
şerefe!
cherefe!

foi muito legal
enfesti
enfesti

poderia nos trazer um cinzeiro, por favor?
bir kültablası getirir misiniz, lütfen?
bir kültablassı guetirir missiniz, lütfen?

onde ficam os toaletes, por favor?
tuvaletler nerede, lütfen?
tuvaletler nerede, lütfen?

Compreendendo

üzgünüm, akşam onbirden sonra servis vermiyoruz
sinto muito, encerramos o serviço às 11h da noite

RESERVANDO UMA MESA

Expressando-se

eu gostaria de reservar uma mesa para amanhã à noite
yarın akşama bir masa ayırtmak istiyorum
iarın akchama bir massa aiirtmak istiiorum

para duas pessoas
iki kişilik
iki kichilik

para cerca de 8h
saat sekiz gibi
saat sekiz guibi

teria alguma mesa disponível um pouco mais cedo?
daha erken bir saatte masanız var mı?
daha erken bir saatte massanız var mı?

fiz uma reserva em nome de ...
... adına bir masa ayırttım
... adına bir massa aiirttım

Compreendendo

rezervasyonlu
reservado(a)

saat kaç için?
para que horas?

kimin adına?
em nome de quem?

rezervasyonunuz var mı?
você tem reserva?

kaç kişi için?
para quantas pessoas?

sigaralı mı sigarsız mı olsun?
fumante ou não fumante?

bu köşedeki masa iyi mi?
essa mesa no canto está bem para vocês?

maalesef şu anda doluyuz efendim
infelizmente estamos lotados no momento

COMENDO E BEBENDO

PEDINDO A COMIDA

Expressando-se

sim, gostaríamos de fazer o pedido
evet, sipariş vermek istiyoruz
evet, siparich vermek istiioruz

não, poderia nos dar mais alguns minutos?
hayır, birkaç dakika daha bekler misiniz?
haiır, birkatch dakika daha bekler missiniz?

eu gostaria …
… istiyorum
… istiiorum

será que eu poderia ter …?
… alabilir miyim?
… alabilir miiim?

não sei direito o que é "hünkar beğendi"
hünkar beğendi nedir bilmiyorum
hünkar beeendi nedir bilmiiorum

vou querer isto
onu alayım
onu alaiim

isto vem com vegetais?
yanında sebze de geliyor mu?
ianında sebze de gueliior mu?

qual é o prato do dia?
günün yemekleri neler?
günün iemekleri neler?

que sobremesas vocês têm?
hangi tatlılar var?
hangui tatlılar var?

água, por favor
su, lütfen
su, lütfen

uma garrafa de vinho tinto/branco
bir şişe kırmızı/beyaz şarap?
bir chiche kırmızı/beiaz charap?

isto é para mim
o benim için
o benim itchin

não foi isto que pedi, eu queria …
bu benim siparişim değil, ben … istedim
bu benim siparichim deeil, ben … istedim

COMENDO E BEBENDO

sou alérgico(a) a nozes/gergelim/trigo/frutos do mar/derivados de leite/frutas cítricas
cevize/susama/buğdaya/deniz ürünlerine/süt ürünlerine/turunçgillere alerjim var
djevize/sussama/buudaia/deniz ürünlerine/süt ürünlerine/turuntch-guillere alerjim var

sou alérgico(a) a alguns alimentos
bazı yiyeceklere alerjim var
bazı iiiedjeklere alerjim var

quais são os ingredientes?
içindekiler nedir?
itchindekiler nedir?

poderia nos trazer mais pão, por favor?
biraz daha ekmek alabilir miyiz, lütfen?
biraz daha ekmek alabilir miiiz, lütfen?

poderia nos trazer outra jarra de água, por favor?
bir sürahi su daha getirir misiniz, lütfen?
bir sürahi su daha guetirir missiniz, lütfen?

Compreendendo

sipariş vermeye hazır mısınız?
já escolheram?

birkaç dakika içinde geri gelirim
volto em alguns minutos

üzgünüm, hiç … kalmadı
desculpe, não temos mais …

ne içmek istersiniz?
o que deseja para beber?

tatlı mı, kahve mi istersiniz?
gostaria de pedir sobremesa ou café?

her şey yolunda mıydı?
estava tudo certo?

BARES E CAFÉS

Expressando-se

eu queria ...
... istiyorum
... istiiorum

uma Coca-cola®/uma Coca-cola® *diet*
bir kola/bir diyet kola
bir kola/bir diiet kola

uma taça de vinho tinto/branco
bir bardak beyaz/kırmızı şarap
bir bardak beiaz/kırmızı charap

um café puro/com leite
bir sade/sütlü kahve
bir sade/sütlü kahve

uma xícara de chá
bir fincan çay
bir findjan tchai

um café e um *croissant*
bir kahve ve bir korasan
bir kahve ve bir korassan

uma xícara de chocolate quente
bir fincan sıcak çikolata
bir findjan sıdjak tchikolata

outro(a), por favor
aynısından, lütfen
uinıssından, lütfen

Compreendendo

ne istersiniz?
do que você gostaria?

burası sigarasız bölüm
esta é a área de não fumantes

ödemeyi şimdi yapabilir misiniz, lütfen?
posso lhe pedir para pagar agora, por favor?

Algumas expressões informais
akşamdan kalmayım estou na maior ressaca
sarhoş oldum fiquei de porre (bêbado)
patlayana kadar yedim comi até explodir

A CONTA

Expressando-se

a conta, por favor
hesap, lütfen
hessap, lütfen

quanto lhe devo?
borcum ne kadar?
bordjum ne kadar?

vocês aceitam cartão de crédito?
kredi kartı geçiyor mu?
kredi kartı gue-tchiior mu?

acho que tem um erro na conta
sanırım hesapta bir yanlışlık var
sanırım hessapta bir ianlıchlık var

o serviço está incluído?
servis dahil mi?
servis dahil mi?

Compreendendo

beraber mi ödüyorsunuz?
vocês vão pagar tudo junto?

evet, servis dahil
sim, o serviço está incluído

COMIDA E BEBIDA

Compreendendo

acılı	picante
dilim	fatia
dolma	recheado(a)
fırında pişmiş	assado(a)
parça	pedaço
soğuk	frio(a)
sote	refogado(a)

Diferentes tipos de restaurantes e confeitarias

baklava salonu	confeitaria especializada em **baklava** (doce de massa folhada fininha, recheado de pistache ou nozes, coberto com calda)
balık lokantası	restaurante especializado em peixe
börek salonu	restaurante especializado em **börek** (*bureka*, espécie de pastel assado)
büfe	quiosque ou pequena lanchonete de comida para viagem
kebap salonu	restaurante especializado em *kebab*
lokanta	restaurante especializado em pratos com molho
mantı evi	restaurante especializado em **mantı** (ravióli) e **gözleme** (panquecas)
meyhane	taverna que serve **meze** (entradas), carnes grelhadas e bebidas alcoólicas
muhallebi salonu	confeitaria especializada em sobremesas à base de leite
ocak başı	restaurante especializado em carnes grelhadas
pastane	confeitaria
pide salonu	restaurante especializado em **pide** (espécie de pão achatado com recheio, aqui chamado *pizza* turca)

◆ soğuk mezeler entradas frias

arnavut ciğeri	fígado de cordeiro frito, condimentado, servido com cebolas
biber dolma	pimentões recheados com arroz, uva-passa e amendoim
cacık	mistura de pepino picadinho, iogurte, azeite de oliva e alho
çig köfte	bolinho de carne crua ou ovo frito com trigo de quibe, tomate e cebola, bem picante
çoban salatası	salada de tomate, pepino e cebola
ezme salata	salada picante de tomate finamente picado e cebola
fasulye pilaki	feijões-brancos marinados em azeite de oliva
haydari	mistura de iogurte e hortelã seca
humus	*homus*, pasta de grão-de-bico
imam bayıldı	berinjelas fritas, recheadas com cebola e tomate
karides salatası	salada de camarões
mantar salatası	salada de cogumelos
midye dolma	mexilhões recheados
patlıcan salatası	salada de berinjela grelhada
piyaz	salada de feijão-branco temperada com azeite de oliva, cebola e limão
tarama	purê de ovas de peixe
yaprak sarma	charuto de folha de uva

◆ sıcak mezeler entradas quentes

kalamar tava	lula frita
karides güveç	cozido de camarões com tomates e pimentões, gratinado com queijo
karides tava	camarões fritos
midye tava	mexilhões fritos
sigara böreği	enroladinho frito de queijo

◆ çorbalar sopas

domates çorbası	sopa de tomate

COMIDA E BEBIDA

ezogelin çorbası	sopa de lentilha, extrato de tomate, arroz e limão
işkembe çorbası	sopa de tripas
mercimek çorbası	sopa de lentilha
yayla çorbası	sopa de hortelã e iogurte

◆ döner/tost sanduíches

döner kebap	espécie de "churrasco grego" feito com carne de cordeiro, servido no yarım ekmek (meio filão de pão) ou no dürüm
dürüm	espécie de pão sírio
karışık tost	sanduíche quente de queijo, tomate e sucuk (espécie de salsicha picante)
kaşarlı tost	sanduíche de queijo quente
pide	pão achatado com recheio, *pizza* turca (kaşarlı com queijo tipo *cheddar*, kıymalı com carne moída, sucuklu com linguiça, karışık com recheio misto)
tavuk döner	"churrasco grego" de frango servido no yarım ekmek (meio filão de pão) ou no dürüm

◆ kebaplar/ızgara carne grelhada

adana kebap	espeto de carne moída
beyti	espeto de carne moída enrolado no pão sírio
domatesli kebap	espeto de carne moída e tomate
döner kebap	"churrasco grego", finas fatias de carne de cordeiro preparadas em espeto giratório
hünkar beğendi	espeto de carne de cordeiro com purê de berinjela
hünkarlı tavuk	espeto de frango com molho de iogurte
inegöl köfte	cafta de carne moída e queijo
iskender kebap	"churrasco grego" servido sobre uma camada de pão picado, acompanhado de iogurte, molho de tomate e de manteiga
karışık ızgara	grelhado misto
köfte	cafta

kül bastı	cordeiro recheado com queijo e molho de tomate
mantarlı şiş	espeto de cordeiro com cogumelo
patlıcanlı kebap	berinjela guarnecida com bolinhas de carne, feitas no forno
pirzola	costeleta de cordeiro ou vitela
şiş kebap	espeto de cordeiro
tavuk kanat	asas de frango
tavuk şiş	espeto de frango
urfa kebap	espeto de carne moída picante

◆ **sıcak yemekler** pratos quentes

ayşe kadın	vagem com molho de tomate
bamya	quiabo com carne moída ou carne em cubos com molho de tomate
etli bezelye	cozido de ervilhas, batatas e cenouras com carne moída ou carne em cubos com molho de tomate
etli biber dolması	pimentões recheados com pedaços de carne ou carne moída
etli domates dolması	tomates recheados com pedaços de carne ou carne moída
etli kabak dolması	abobrinhas recheadas com pedaços de carne ou carne moída
etli kuru fasulye	feijão-branco com cordeiro e molho de tomate
etli nohut	cozido de carne e grão-de-bico e molho de tomate
güveç	carne (cordeiro ou frango), tomates, cebolas e pimentões assados em forma de barro
içli köfte	quibe recheado com uvas-passas e castanhas
karnıyarık	berinjelas ao forno, recheadas com carne moída, tomates, pimentões e cebolas
türlü	cozido de carne e vegetais

◆ **tatlılar** sobremesas

aşure	sobremesa feita com trigo, nozes e frutas secas
ayva tatlısı	marmelo cozido com calda

COMIDA E BEBIDA

baklava	*baklava* (doce feito com massa folhada fininha, recheado com pistache ou nozes e coberto com calda)
helva	sobremesa feita com óleo de gergelim e nozes
kabak tatlısı	doce de abóbora com nozes e calda
kadayıf	doce feito com o macarrão "cabelo de anjo", recheado de nozes e coberto com calda
kaymak	creme de nata, espesso e aromático, que acompanha várias sobremesas
keşkül	espécie de pudim feito com avelãs trituradas, leite, farinha de arroz e açúcar
künefe	doce de forno feito com camadas de kadayıf e queijo sem sal, coberto com calda e servido quente
lokum	goma ou manjar turco, doce feito com amido de milho, açúcar e essência de rosas ou baunilha
muhallebi	pudim feito com farinha de arroz
sütlaç	arroz-doce
tavuk göğsü	doce feito com leite e peito de frango triturado

GLOSSÁRIO DE COMIDAS E BEBIDAS

açık çay chá fraco
alabalık truta
armut pera
ayran bebida láctea, mistura de iogurte e água
ayva marmelo
balık peixe
balık ızgara peixe grelhado
bamya quiabo
barbunya feijão-rosa
beyaz şarap vinho branco
bezelye ervilha
biber pimenta
bira cerveja
boza bebida feita com painço ligeiramente fermentado
börek *bureka*, espécie de pastel assado de massa folhada (sade sem recheio, peynirli recheado com queijo, ıspanaklı recheado com espinafre, kıymalı recheado com carne moída)
bulgur trigo cozido e moído
ceviz noz
ciğer fígado
çay chá
çilek morango
çipura dourada (*peixe*)

çorba sopa
dana vitela
domates tomate
dondurma sorvete
ekmek pão
elma maçã
elma suyu suco de maçã
erik ameixa
et carne
fındık avelã
fıstık pistache
gözleme panqueca (peynirli com recheio de queijo, kıymalı com recheio de carne moída, ıspanaklı com recheio de espinafre)
hamsi anchova
havuç cenoura
hindi peru
hoşaf fruta em calda
ıspanak espinafre
incir figo
istavrit carapau (peixe)
kabak abóbora
kahve café
kalamar lula
kalkan pregado (peixe)
karabiber pimenta-do-reino
karışık misturado
karışık meyve mistura de frutas (salada ou prato de frutas)
karides camarão
karpuz melancia
kaşar queijo tipo *cheddar*
kavun melão
kayısı damasco
kayısı suyu suco de damasco
kebap espetinho
kefal tainha
kırmızı şarap vinho tinto
kıyma carne moída
kiraz cereja
kokoreç intestino de ovelha assado no espeto
koyu çay chá forte
koyun ovelha
kuru fasulye feijão
kuru pasta biscoitos doces ou salgados
kuzu cordeiro
lahmacun espécie de *pizza* bem fininha, coberta com purê de tomate, carne moída temperada, pimenta vermelha e salsinha, assada em forma de barro
levrek robalo
limonata limonada
makarna massa
mantı massa recheada de carne
marul alface
maydanoz salsinha
menemen omelete feita com tomate, cebola e pimentões (sade só com vegetais, sucuklu com linguiça, karışık misto)
mersinbalığı esturjão
meyve fruta
meyve suyu suco de fruta
mezgit badejo
midye mexilhão
muz banana
orta şekerli kahve café com um pouquinho de açúcar
palamut atum
pasta bolo
pastırma *pastrami*

COMIDA E BEBIDA

patates batata
patlıcan berinjela
peçete guardanapo
pekmez melaço de uva ou de amora
pembe şarap vinho *rosé*
peynir queijo
pide pão achatado com recheio (kaşarlı com queijo tipo *cheddar*, kıymalı com carne moída, sucuklu com linguiça, karışık misto)
pide ekmek pão achatado
pilav arroz
poğaça espécie de brioche de queijo
portakal laranja
portakal suyu suco de laranja
rakı raki (espécie de licor de anis)
reçel geleia
sade puro(a), sem mistura
sade kahve café puro
salep bebida quente feita com pó de raízes de orquídea roxa jovem
salata salada
salatalık pepino
salça extrato de tomate
sandviç sanduíche
sardalya sardinha
sebze çorbası sopa de vegetais
sebzeler vegetais
sığır vaca
simit rosca de gergelim
sirke vinagre

soğan cebola
su böreği massa primeiramente cozida em água, depois recheada com queijo ou carne moída e levada ao forno
sucuk linguiça bovina
süt leite
şalgam caldo de beterraba e cenoura roxa
şarap vinho
şeftali pêssego
şeftali suyu suco de pêssego
şehriye çorbası sopa de "cabelo de anjo"
şeker açúcar
şekerli com açúcar
şekerli kahve café com açúcar
tatlı sobremesa
tavuk frango
tereyağı manteiga
turşu picles
tuz sal
tuzlu salgado(a)
uskumru cavala (*peixe*)
üzüm uva
vişne suyu suco de cereja
yeni dünya nêspera
yeşil fasulye vagens
yeşil salata salada verde
yoğurt iogurte
yumurta ovo
zeytin azeitona
zeytinyağı azeite de oliva

PASSEANDO

ⓘ

As grandes cidades turcas como Istambul, Ancara, Izmir, Bursa e Adana têm vários festivais, *shows*, concertos e *performances* durante o ano todo. Você pode informar-se sobre esses eventos num guia da cidade chamado **Kent Rehberi** ou na internet. Alguns bares e discotecas ficam abertos durante todo o ano nas cidades de Istambul, Ancara, Izmir, e em outras cidades turísticas como Bodrum, Marmaris e Kuşadası. Bares e tavernas que tocam *jazz*, *rock*, música *pop* ou música tradicional turca (**türkü**) geralmente ficam situados lado a lado; às vezes até mesmo competem entre si, colocando o volume no máximo nas noites de verão.

Se quiser ouvir um tipo diferente de música feita com os instrumentos turcos tradicionais como **saz**, **tambur** e **tef**, dentre outros, vá aos bares chamados **türkü**, onde certamente irá se divertir.

Confira os bairros de Sulukule, Beyoğlu e Ortaköy em Istambul ou o bairro de Alsancak em Izmir, para ver um pouco de tudo.

O básico

balé	bale *bale*
banda, grupo	grup *grup*
bar	bar *bar*
boate	kulüp *kulüp*
cinema	sinema *sinema*
circo	sirk *sirk*
concerto	konser *konser*
dança moderna	modern dans *modern dans*
festa	parti *parti*
festival	festival *festival*
filme	filim *filim*
filme dublado	dublajlı filim *dublajlı filim*
filme legendado	altyazılı filim *altiazılı filim*
ingresso	bilet *bilet*
jazz	caz *djaz*

música clássica	klasik müzik *klassik müzik*
música folclórica	folk müzik *folk müzik*
música *pop*	pop müzik *pop müzik*
musical	müzikal *müzikal*
peça de teatro	oyun *oiun*
rock	rok müzik *rok müzik*
sair	dışarı çıkmak *dıcharı tchımak*
show	gösteri *gösteri*, şov *chov*
teatro	tiyatro *tiatro*

SUGESTÕES E CONVITES

Expressando-se

aonde podemos ir?
nereye gidebiliriz?
nereie guidebiliriz?

o que você quer fazer?
ne yapmak istiyorsun?
ne iapmak istiiorsun?

vamos beber algo?
birşey içelim mi?
birchei itchelim mi?

o que vai fazer hoje à noite?
bu akşam ne yapıyorsun?
bu akcham ne iapıiorsun?

já tem planos?
programın var mı?
programın var mı?

gostaria de …?
… mek ister misin?
… mek ıster mıssırı?

estávamos pensando em ir para ...
… 'e/a/ye/ya gitmeyi planlıyorduk
… 'e/a/ie/ia guitmeii planlıiorduk

hoje não posso, mas quem sabe outra hora
bugün gelemem, belki başka zaman
bugün guelemem, belki bachka zaman

não tenho certeza se posso ir
gelebilir miyim emin değilim
guelebilir miiim emin deeilim

eu adoraria
çok isterim
tchok isterim

COMBINANDO UM ENCONTRO

Compreendendo

a que horas nos encontramos?
saat kaçta buluşalım?
saat katchta buluchalım?

onde nos encontramos?
nerede buluşalım?
nerede buluchalım?

seria possível nos encontrarmos um pouquinho mais tarde?
biraz daha geç buluşmamız mümkün mü?
biraz da<u>h</u>a guetch buluchmamız mümkün mü?

tenho de encontrar ... às 9h
... 'le/la saat dokuzda buluşmam lazım
... 'le/la saat dokuzda buluchmam lazım

não sei onde fica, mas vou procurar no mapa
nerede bilmiyorum, ama haritadan bakarım
nerede bilmiiorum, ama <u>h</u>aritadan bakarım

até amanhã à noite
yarın gece görüşürüz
iarın guedje görüchürüz

encontro com você depois, tenho de passar no hotel primeiro
seninle daha sonra buluşurum, önce otele uğramam lazım
seninle da<u>h</u>a sonra buluchurum, öndje otele uuramam lazım

eu ligo se houver alguma mudança de planos
programda bir değişiklik olursa seni ararım
programda bir deeichiklik olursa seni ararım

você vai comer antes?
önceden yemek yiyecek misin?
öndjeden iemek iiiedjek missin?

desculpe, estou atrasado(a)
özür dilerim, geciktim
özür dilerim, guedjiktim

PASSEANDO

Compreendendo

sence uygun mu?
assim está bem para você?

saat sekiz gibi gelip seni alırım
venho buscá-lo(a) por volta das 8h

seninle orada buluşuruz
encontro-o(a) lá

... in dışında buluşabiliriz
podemos nos encontrar do lado de fora …

yarın beni araman için telefon numaramı vereyim
vou lhe dar meu telefone e você pode me ligar amanhã

Algumas expressões informais

ağzım kurudu, hadi gidip bir şeyler içelim estou com a boca seca, vamos sair e beber alguma coisa

karnım zil çalıyor, şurda bir şeyler atıştıralım meu estômago está roncando, vamos fazer uma boquinha

---

FILMES, *SHOWS* E CONCERTOS

Expressando-se

há algum guia com a programação do que está acontecendo?
gösteri programı var mı?
gösteri programı var mı?

eu gostaria de três ingressos para …
… için üç bilet istiyorum, lütfen
… itchin ütch bilet istiiorum, lütfen

dois ingressos, por favor
iki bilet, lütfen
iki bilet, lütfen

o nome é …
adı …
adı …

vi o *trailer*
fragmanlarını görmüştüm
fragmanlarını görmüchtüm

a que horas começa?
saat kaçta başlıyor?
saat katchta bachliior?

eu gostaria de ir assistir a um *show*
bir gösteriye gitmek istiyorum
bir gösteriie guitmek istiiorum

vou me informar se ainda há ingressos disponíveis
hala bilet var mı öğreneyim
hala bilet var mı ööreneiim

precisamos reservar com antecedência?
önceden yer ayırtmamız gerekli mi?
öndjeden ier aiirtmamız guerekli mi?

há quanto tempo está em cartaz?
ne kadar süre gösterimde?
ne kadar süre gösterimde?

tem ingressos para outro dia?
başka bir gün için bilet var mı?
bachka bir gün itchin bilet var mı?

eu gostaria de ir a um bar com música ao vivo
canlı müzik yapan bir bara gitmek istiyorum
djanlı müzik iapan bir bara guitmek istiiorum

há concertos gratuitos?
bedava konser var mı?
bedava konser var mı?

que tipo de música é?
ne tür müzik ?
ne tür müzik?

Compreendendo

... den itibaren sinemalarda	em cartaz a partir de ...
gişe	bilheteria
matine	matinê
rezervasyonlar	reservas
sanat filmi	filme de arte
sınırlı gösterim	sessão privada

PASSEANDO

açık hava konseri
é um concerto a céu aberto

çok iyi eleştiriler aldı
a crítica era muito boa

gelecek hafta gösterime giriyor
entra em cartaz na semana que vem

akşam saat sekizde AFM'de gösterimde
está passando no AFM, às 8h da noite

o seans kapalı gişe
os ingressos para esta exibição estão esgotados

… e kadar bilet yok
está tudo reservado até …

önceden yer ayırtmaya gerek yok
não é preciso reservar com antecedência

ara dahil, oyun bir buçuk saat sürüyor
a peça dura uma hora e meia, incluindo o intervalo

lütfen cep telefonunuzu kapatınız
por favor, desliguem seus telefones celulares

FESTAS E BOATES

Expressando-se

vou fazer uma festinha de despedida hoje à noite
bu akşam küçük bir veda partisi veriyorum
bu akcham kütchük bir veda partissi veriiorum

devo levar alguma bebida?
içecek bir şeyler getireyim mi?
itchedjek bir cheiler guetireiim mi?

poderíamos ir a uma discoteca depois
sonrasında diskoya gidebiliriz
sonrassında diskoia guidebiliriz

é preciso pagar para entrar?
giriş paralı mı?
guirich paralı mı?

tenho de encontrar uma pessoa
birisiyle buluşmam lazım
birissiile buluchmam lazım

você vai me deixar entrar de novo quando eu voltar?
geri geldiğimde beni tekrar içeri alacak mısınız?
gueri gueldiiimde beni tekrar itcheri aladjak mıssınız?

o DJ é bom mesmo
DJ çok iyi
DJ tchok iii

você vem sempre aqui?
herzaman buraya gelir misin?
herzaman buraia guelir missin?

posso lhe pagar uma bebida?
sana bir içki ısmarlayayım mı?
sana bir itchki ısmarlaiaiim mı?

obrigada, mas estou com meu namorado
teşekkürler, ama erkek arkadaşımla beraberim
techekkürler, ama erkek arkadachımla beraberim

não, obrigado(a), não fumo
hayır teşekkürler, sigara içmem
haiir techekkürler, sigara itchmem

Compreendendo

bedava içki — bebida grátis
vestiyer — chapelaria
gece yarısından sonra yirmi lira — 20 liras após meia-noite

Ceren'lerde parti var
tem uma festa na casa da Ceren

sana bir içki ısmarlayabilir miyim?
posso lhe pagar uma bebida?

sigaran var mı?
pode me dar um cigarro?

seni eve bırakabilir miyim?
posso deixar você em casa?

dans etmek ister misin?
quer dançar?

ateşin var mı?
você tem fogo?

tekrar görüşebilir miyiz?
podemos nos ver de novo?

ATRAÇÕES TURÍSTICAS

Há centros de informações turísticas em todas as grandes cidades da Turquia. Eles em geral ficam abertos diariamente até as 17h ou 17h30 e, no verão, às vezes ficam até mais tarde.

Os museus cobram um valor pelo ingresso e geralmente ficam fechados um dia por semana (a maioria, às segundas-feiras). O horário de funcionamento varia, mas costuma ser das 9h30 às 17h30.

Você será bem-vindo a visitar qualquer mesquita. Será preciso tirar os sapatos, e as mulheres deverão cobrir os cabelos com um lenço assim como evitar mostrar braços e pernas. Os homens não deverão usar *shorts*.

A maioria dos hotéis de turismo de quatro ou mais estrelas possui um banho turco moderno (**hamam**) em suas instalações. Se você estiver viajando num grupo, talvez esteja prevista em seu roteiro a visita a uma ou duas casas de banho históricas. Você poderá também planejar sua própria visita a um **hamam**. Usualmente, o período diurno é reservado para as mulheres e após as 17h para os homens.

O básico

antiguidade	antika *antika*
arte moderna	modern sanat *modern sanat*
castelo	şato *chato*
centro da cidade	şehir merkezi *chehir merkezi*
centro de informações turísticas	turizm bürosu *turizm bürossu*
escultura	heykel *heikel*
estátua	heykel *heikel*
exposição	sergi *sergui*
fortaleza	kale *kale*
galeria	galeri *galeri*

guia de ruas	sokak haritası *sokak haritassı*
guia de turismo	tur rehberi *tur rehberi*
histórico(a)	tarihi *tarihi*
igreja	kilise *kilise*
mesquita	cami *djami*
museu	müze *müze*
palácio	saray *sarai*
parque	park *park*
pintura	tablo *tablo*
região	bölge *bölgue*
ruínas	kalıntılar *kalıntılar*
século	yüzyıl *iüziil*
sinagoga	sinagog *sinagog*
turista	turist *turist*

Expressando-se

eu gostaria de algumas informações sobre …
… hakkında bilgi almak istiyorum
… hakkında bilgi almak istiiorum

pode me dizer onde fica o centro de informações turísticas?
turizm bürosunun yerini tarif edebilir misiniz?
turizm bürossunun ierini tarif edebilir missiniz?

o(a) senhor(a) tem um guia de ruas da cidade?
sizde şehir haritası bulunur mu?
sizde chehir haritassı bulunur mu?

disseram-me que há uma mesquita antiga que pode ser visitada
görülebilecek eski bir cami olduğunu söylemişlerdi
görülebiledjek eski bir djami olduuunu söilemichlerdi

poderia me mostrar onde fica no mapa?
haritada yerini gösterebilir misiniz?
haritada ierini gösterebilir missiniz?

como se faz para chegar lá?
oraya nasıl gidebilirim?
oraia nassıl guidebilirim?

ATRAÇÕES TURÍSTICAS

é gratuito?
ücretsiz mi?
üdjretsiz mi?

quando isto foi construído(a)?
ne zaman inşa edilmiş?
ne zaman incha edilmich?

Compreendendo

açık	aberto(a)
buradasınız	você está aqui (*no mapa*)
eski kent/şehir	cidade velha
giriş ücretsiz	entrada gratuita
Helenistik	helenístico
işgal	invasão
kapalı	fechado(a)
orta çağa ait/orta çağ zamanından	medieval
Osmanlı	otomano
rehberli tur	visita guiada
restorasyon çalışması	obras de restauração
Romalı	romano
savaş	guerra
yenileme	reforma

oraya vardığınızda tekrar sorun
você terá de perguntar quando chegar lá

bir sonraki rehberli tur saat ikide
a próxima visita guiada começa às 2h

MUSEUS, EXPOSIÇÕES E MONUMENTOS

Expressando-se

ouvi dizer que há uma exposição de ... muito boa no momento
bugünlerde çok iyi bir ... sergi olduğunu duydum
bugünlerde tchok iii bir ... sergui olduuunu duidum

quanto custa para entrar?
giriş ücreti ne kadar?
guirich üdjreti ne kadar?

este ingresso vale também para a exposição?
bu bilet sergi için de geçerli mi?
bu bilet sergui itchin de gue-tcherli mi?

tem desconto para jovens?
gençler için indirim var mı?
guen-tchler itchin indirim var mı?

duas meias e uma inteira, por favor
iki indirimli bir de tam bilet, lütfen
iki indirimli bir de tam bilet, lütfen

tenho carteirinha de estudante
öğrenci kimliğim var
öörendji kimliiim var

fica aberto aos domingos?
pazar günleri açık mı?
pazar günleri atchık mı?

Compreendendo

bilet gişesi	bilheteria
bu taraftan	por aqui
flaş kullanmayınız	proibido usar o *flash*
geçici sergi	exposição temporária
lütfen dokunmayınız	por favor, não mexa
resim çekmeyiniz	proibido fotografar
sessiz olun lütfen	silêncio, por favor
sürekli sergi	exposição permanente

müze giriş ücreti … tutuyor
o ingresso para o museu custa …

öğrenci kimliğiniz yanınızda mı?
você tem a carteirinha de estudante?

bu biletle sergiyi de gezebilirsiniz
este ingresso lhe dá acesso também à exposição

ATRAÇÕES TURÍSTICAS

DANDO SUAS IMPRESSÕES

Compreendendo

é bonito
güzel
güzel

foi bonito
güzeldi
güzeldi

é fantástico
harikay
harikai

foi fantástico
harikaydı
harikaidı

realmente eu aproveitei
gerçekten çok beğendim
guer-tchekten tchok beeendim

não gostei muito
çok beğenmedim
tchok beeenmedim

foi um pouco chato
biraz sıkıcıydı
biraz sıkıdjıidı

é caro para o que é
bunun için çok pahalı
bunun itchin tchok pahalı

não sou muito fã de arte moderna
modern sanata pek meraklı değilimdir
modern sanata pek meraklı deeilimdir

é muito para turistas
çok fazla turistik
tchok fazla turistik

estava muito lotado
çok kalabalıktı
tchok kalabalıktı

acabamos não indo, a fila era muito grande
en sonunda gitmedik, çok fazla sıra vardı
en sonunda guitmedik, tchok fazla sıra vardı

não tivemos tempo de ver tudo
herşeyi görmeye zamanımız olmadı
hercheii görmeie zamanımız olmadı

Compreendendo

geleneksel	tradicional
resim gibi	pitoresco(a)
tipik	típico(a)
ünlü	famoso(a)

gerçekten de gidip görmelisiniz ...
você realmente deve ir ver ...

... 'e/a/ye/ya gitmeyi öneriyorum
recomendo que vá a ...

şehrin harika bir manzarası var
há uma vista maravilhosa de toda a cidade

biraz fazla turistik oldu
tornou-se um pouco turístico demais

sahil tamamen bozulmuş
o litoral foi completamente degradado

ATRAÇÕES TURÍSTICAS

ESPORTES E JOGOS

ⓘ

O futebol é sem dúvida o principal esporte na Turquia. O desempenho dos três maiores times (**Galatasaray**, **Fenerbahçe** e **Beşiktaş**, todos de Istambul) é calorosamente discutido e cada vitória é comemorada nas ruas.

Se você gosta de fazer caminhadas, terá de encontrar seu próprio caminho, já que com exceção do Lycian Way entre Antalya e Fethiye, não há trilhas demarcadas ou trilhas para caminhadas na Turquia. A ideia de caminhar por prazer limita-se a um passeio com a família nas noites de verão. Não existem tantas piscinas como em outras cidades da Europa, mas quase só as dos hotéis. O ciclismo é uma atividade rara. Por outro lado, os fãs do velejo vão encontrar muito o que fazer: há uma grande quantidade de marinas e uma gama enorme de ilhas para visitar tanto no mar Egeu como no mar de Mármara.

Tavla (parecido com o gamão) é o jogo de tabuleiro preferido dos turcos. Eles também jogam dominó, xadrez e damas (embora as regras para este jogo sejam um pouquinho diferente das nossas).

O básico

basquetebol	basketbol *basketbol*
bola	top *top*
cartas	oyun kağıdı *oiun kaaıdı*
ciclismo	bisiklete binmek *bissiklete binmek*
esporte	spor *spor*
esqui	kayak yapmak *kaiak iapmak*
fazer caminhadas	yürüyüşe gitmek *iürüiüche guitmek*
futebol	futbol *futbol*
futebol de mesa	langırt *languırt*
jogar	oynamak *oinamak*
jogo, partida	maç *match*
natação	yüzmek *iüzmek*
piscina	havuz *h̲avuz*; yüzme havuzu *iüzme havuzu*

rúgbi	ragbi *ragbi*
snowboarding	kızakla kaymak *kızakla kaimak*
surfar	sörf yapmak *sörf iapmak*
tênis	tenis *tenis*
ter um jogo de ...	... oyunu oynamak *... oiunu oinamak*
trilha de caminhada	yürüyüş yolu *iürüiüch iolu*
viagem	yolculuk *ioldjuluk*
xadrez	satranç *satrantch*

Expressando-se

eu gostaria de alugar ... por uma hora
bir saatliğine ... kiralamak istiyorum lütfen
bir saatliiine ... kiralamak istiiorum lütfen

tem aulas de ...?
... dersi veriyor musunuz?
... dersi veriior mussunuz?

qual o valor da hora por pessoa?
saati kişi başına ne kadar?
saati kichi bachına ne kadar?

não sou muito esportivo(a) **nunca fiz isto antes**
pek sportif değilimdir daha önce hiç yapmadım
pek sportif deeilimdir *daha öndje hitch iapmadım*

fiz isto uma ou duas vezes, muito tempo atrás
uzun zaman önce bir ya da iki kez yaptım
uzun zaman öndje bir ia da iki kez iaptım

estou exausto(a)! **jogamos ...**
çok yoruldum ... oynadık
tchok ioruldum *... oinadık*

eu gostaria de ir assistir a uma partida de futebol
gidip bir futbol maçı izlemek istiyorum
guidip bir futbol matchı izlemek istiiorum

vamos parar para fazer um piquenique?
piknik yapmak için duralım mı?
piknik iapmak itchin duralım mı?

ESPORTES E JOGOS

Compreendendo

kiralık   para alugar

daha önce oynadınız mı yoksa yeni mi başlıyorsunuz?
você tem alguma experiência, ou é iniciante total?

… kapora vermeniz gerekiyor
é preciso fazer um depósito de …

sigorta mecburi ve … tutuyor
o seguro é obrigatório e custa …

CAMINHADAS

Expressando-se

tem trilhas para caminhadas aqui na redondeza?
buralarda yürüyüş yolu var mı?
buralarda iürüiüch iolu var mı?

quanto tempo dura a caminhada?
yürüyüş ne kadar sürüyor?
iürüiüch ne kadar sürüior?

onde começa a trilha?
yolun başı nerede?
iolun bachı nerede?

a trilha é sinalizada?
yol levhalarla işaretli mi?
iol lev-halarla icharetli mi?

Compreendendo

yol aşağı yukarı üç saat sürüyor
são mais ou menos umas três horas de caminhada

yağmurluk ve yürüyüş ayakkabısı getirin
traga uma capa de chuva e calçados de caminhada

FUTEBOL

Expressando-se

alguém tem uma bola de futebol?
futbol topu olan var mı?
futbol topu olan var mı?

por qual time você torce?
hangi takımı tutuyorsun?
hangui takımı tutuiorsun?

eu torço pelo ...
... 'i tutuyorum
... 'i tutuiorum

vai ter um jogo no fim de semana, você quer vir?
haftasonu maç var, gelmek ister misin?
haftassonu match var, guelmek ister missin?

precisamos de mais quatro jogadores
dört adama daha ihtiyacımız var
dört adama daha ihtiiadjımız var

posso fazer parte do time também?
takıma ben de katılabilir miyim?
takıma ben de katılabilir miiim?

quanto custa o ingresso para o jogo do Fenerbahçe-Trabzonspor?
Fenerbahçe-Trabzonspor maçına bir bilet kaç para?
fenerbah-tche-trabzonspor ma-tchına bir bilet katch para?

estão transmitindo a Copa do Mundo no hotel
otelde dünya kupasını gösteriyorlar
otelde dünia kupassını gösteriiorlar

eu vi os melhores momentos do jogo, foi incrível
maçın özet görüntülerini izledim, çok müthişti
matchın özet görüntülerini izledim, tchok müt-hichti

Compreendendo

hakem taraf tutuyordu
o juiz foi tendencioso

şike var dediler ama bence karşı takım iyi oynadı
disseram que o jogo era comprado, mas eu achei que o adversário jogou bem

ESQUIAÇÃO E *SNOWBOARDING*

Expressando-se

eu gostaria de alugar esquis, bastões e botas
kayak takımı ve bot kiralamak istiyorum
kaiak takımı ve bot kiralamak istiiorum

eu gostaria de alugar um *snowboard*
kızak kiralamak istiyorum
kızak kiralamak istiiorum

estão muito grandes/pequenos
bunlar çok büyük/ küçük
bunlar tchok büiük/kütchük

um passe de um dia
bir günlük geçiş
bir günlük gue-tchich

sou iniciante total
ben ilk defa yapıyorum
ben ilk defa iapıiorum

Compreendendo

kayak teleferiği	teleférico
teleferik pasosu	passagem de teleférico
telesiyej	teleférico de cadeira
T-kolu	teleférico que puxa o esquiador de pé

OUTROS ESPORTES

Expressando-se

onde podemos alugar bicicletas?
nereden bisiklet kiralayabiliriz?
nereden bissiklet kiralaiabiliriz?

há ciclovias?
bisiklet yolu var mı?
bissiklet iolu var mı?

há alguma piscina descoberta?
açık yüzme havuzu var mı?
atchık iüzme havuzu var mı?

nunca mergulhei antes
daha önce hiç dalış yapmadım
daha öndje hitch dalıch iapmadım

eu gostaria de tomar aulas de velejo para principiantes
yeni başlayanlar için yelken dersi almak istiyorum
ieni bachlaianlar itchin ielken dersi almak istiiorum

eu corro por meia hora todas as manhãs
her sabah yarım saat koşarım
hér sabah iarım saat kocharım

o que devo fazer se o caiaque virar?
kayak ters dönerse ne yapmalıyım?
kaiak ters dönerse ne iapmalıiim?

Compreendendo

istasyonun yakınında halka açık bir tenis kortu var
tem uma quadra de tênis pública não muito longe da estação

tenis kortu dolu
a quadra de tênis está ocupada

ilk defa mı ata biniyorsunuz?
é a primeira vez que anda a cavalo?

yüzme biliyor musunuz?
sabe nadar?

basketbol oynar mısınız?
você joga basquetebol?

JOGOS EM AMBIENTES FECHADOS

Expressando-se

vamos jogar cartas?
kağıt oynayalım mı?
kaaıt oinaialım mı?

alguém conhece algum bom jogo de cartas?
iyi bir kağıt oyunu bilen var mı?
iii bir kaait oiunu bilen var mı?

alguém está com vontade de jogar Monopólio®?
monopoli oynamak isteyen var mı?
monopoli oinamak isteien var mı?

eu quero comprar um jogo de gamão
tavla takımı almak istiyorum
tavla takımı almak istiiorum

é a sua vez
sıra sende
sıra sende

Compreendendo

satranç oynamayı biliyor musunuz?
você sabe jogar xadrez?

bir deste oyun kağıdınız var mı?
você tem um maço de cartas?

tavla bilmiyorum, bana öğretir misin?
não sei jogar gamão, você me ensinaria?

Algumas expressões informais

çok yoruldum/yorgunluktan ölüyorum estou completamente exausto(a)
beni mahvetti ele acabou comigo

COMPRAS

ⓘ

Você poderá encontrar os produtos de primeira necessidade em uma das várias mercearias, que ficam abertas todos os dias até as 22h ou 23h. Cigarros podem ser comprados nas mercearias e em bancas de jornal. Bebidas alcoólicas são vendidas em algumas mercearias e em lojas especializadas, mas podem ser difíceis de encontrar em algumas partes da Turquia. Há poucos supermercados.

As lojas de roupas das grandes cidades ficam abertas todos os dias até as 21h ou 22h. Elas aceitam cartões de crédito.

A pechincha é algo que só acontece nas feiras, nas lojas para turistas e nos bazares (mercados que vendem tapetes, produtos de couro, joias etc.). No Grande Bazar em Istambul (**Kapalı Çarşı**, aberto de segunda a sábado até as 19h), você poderá – e deverá – pechinchar para tudo!

Algumas expressões informais

beş param yok estou duro(a), sem grana
çok pahalı isto é um roubo!
çok ucuz é uma pechincha, muito barato
dünyanın parası custa os olhos da cara
ucuzluk preços reduzidos

O básico

açougue	kasap *kassap*
barato(a)	ucuz *udjuz*
caixa	kasa *kassa*
caixa (*para pagamento em dinheiro*)	nakit kasa *nakit kassa*
caro(a)	pahalı *pahalı*
comprar	(satın) almak *(satın) almak*
custar	tutmak *tutmak*
desconto	indirim *indirim*

grama	gram *gram*
hipermercado	hipermarket *hipermarket*
hortifrúti	manav *manav*
loja	mağaza *maaaza*
loja de departamentos	büyük mağaza *büiük maaaza*
padaria	fırın *fırın*
pagar	ödemek *ödemek*
preço	fiyat *fiiat*
presente	hediye *hediie*
quilo	kilo *kilo*
recibo, nota fiscal	fatura, fiş *fich*
reembolso	geri ödeme *gueri ödeme*
roupas	giysi *guiissi*
shopping center	alışveriş merkezi *alichverich merkezi*
souvenir	hediyelik eşya *hediielik echia*
supermercado	süpermarket *süpermarket*
vendedor	satış elemanı *satıch elemanı*
vender	satmak *satmak*

Expressando-se

tem algum supermercado aqui perto?
buralarda süpermarket var mı?
buralarda süpermarket var mı?

onde posso comprar cigarros?
nereden sigara alabilirim?
nereden sigara alabilirim?

eu gostaria ... **estou procurando ...**
... istiyorum ... arıyorum
... istiiorum *... anioroom*

vocês vendem ...?
... satıyor musunuz?
... satıior mussunuz?

saberia me dizer onde posso encontrar ...?
bana söyleyebilir misin ... nereden bulabilirim?
bana söileiebilir missin ... nereden bulabilirim?

pode pedir isto para mim?
onu benim adıma sipariş verebilir misiniz?
onu benim adıma siparich verebilir missiniz?

quanto custa isto?
bu kaç para?
bu katch para?

vou levar
alıyorum
aliiorum

não tenho muito dinheiro
çok param yok
tchok param iok

não tenho dinheiro suficiente
yeterli param yok
ieterli param iok

é só isso, obrigado(a)
hepsi bu kadar, teşekkürler
hepsi bu kadar, techekkürler

pode me dar uma sacola (plástica)?
bir (naylon) poşet alabilir miyim?
bir (nailon) pochet alabilir miiim?

acho que o(a) senhor(a) me deu o troco errado
sanırım yanlış para üstü verdiniz
sanırım ianlıch para üstü verdiniz

Compreendendo

... den ... e kadar açık	aberto(a) das ... às ...
indirim	desconto
özel indirim	oferta especial
pazar günleri kapalı/öğlen bir ile üç arası	fechado(a) aos domingos/das 13h às 15h

başka bir şey var mı?
algo mais?

poşet istiyor musunuz?
quer uma sacola?

PAGANDO

Expressando-se

onde pago?
nereye ödüyorum?
nereie ödüiorum?

quanto lhe devo?
size borcum ne kadar?
size bordjum ne kadar?

poderia anotar para mim, por favor?
onu benim için yazar mısınız, lütfen?
onu benim itchin iazar mıssınız, lütfen?

posso pagar com cartão de crédito?
kredi kartıyla ödeyebilir miyim?
kredi kartiila ödeiebilir miiim?

vou pagar em dinheiro
nakit ödeyeceğim
nakit ödeiedjeeim

desculpe, não tenho troco
üzgünüm, hiç bozuk param yok
üzgünüm, hitch bozuk param iok

pode me dar uma nota fiscal?
fatura/fiş alabilir miyim?
fatura/fich alabilir miiim?

Compreendendo

nakit kasasına ödeyin
pague no caixa

daha küçük olanı var mı?
teria mais trocado?

burayı imzalar mısınız, lütfen?
poderia assinar aqui, por favor?

nasıl ödemek istiyorsunuz?
como gostaria de pagar?

kimliğiniz var mı?
tem alguma identidade?

COMIDA

Expressando-se

onde posso comprar comida aqui na redondeza?
buralarda nereden yiyecek alabilirim?
buralarda nereden iiiedjek alabilirim?

tem algum mercado?
market var mı?
market var mı?

tem alguma padaria aqui perto?
buralarda fırın var mı?
buralarda fırın var mı?

estou procurando o corredor dos cereais
mısır gevreği bölümünü arıyorum
mıssır guev-reei bölümünü ariiorum

eu gostaria de cinco fatias de salame
beş dilim salam istiyorum
bech dilim salam istiiorum

eu gostaria de um pouco de queijo de cabra
keçi peynirinden biraz istiyorum
ketchi peinirinden biraz istiiorum

é para quatro pessoas
dört kişilik
dört kichilik

uns 300 gramas
üç yüz gram kadar
ütch iüz gram kadar

um quilo de maçã, por favor
bir kilo elma, lütfen
bir kilo elma, lütfen

um pouquinho menos/mais
biraz daha az/fazla
biraz daha az/fazla

posso experimentar?
tadına bakabilir miyim?
tadına bakabilir miiim?

pode-se levar isto na viagem?
seyahate dayanıklı mıdır?
seiahate daianıklı mıdır?

Compreendendo

evde yapılmış	caseiro(a)
organik	orgânico(a)
şarküteri	loja de alimentos
son kullanma tarihi …	válido até …
yöresel yiyecekler	especialidades locais

hergün öğlen bire kadar pazar var
tem um mercado que fica aberto todos os dias até a 1h da manhã

hemen köşede geç saate kadar açık bir bakkal var
na esquina tem uma loja de produtos alimentícios que fica aberta até tarde

ROUPAS

Expressando-se

estou procurando a seção de roupa masculina
erkek giyim bölümünü arıyorum
erkek guiiim bölümünü arıorum

não, obrigado(a), só estou olhando
hayır teşekkürler, sadece bakıyorum
haiir techekkürler, sadedje bakııorum

posso experimentar?
bunu deneyebilir miyim?
bunu deneiebilir miiim?

eu gostaria de experimentar aquele(a) da vitrine
vitrindekini denemek istiyorum
vitrindekini denemek istiiorum

vou levar o número 39 (de sapato)
otuz dokuz numara giyiyorum
otuz dokuz numara guiiiiorum

onde são os provadores?
deneme odası nerede?
deneme odassı nerede?

não serve
bu beden olmuyor
bu beden olmuior

é muito grande/pequeno
çok büyük/küçük
tchok büiük/kütchük

tem em outra cor?
aynısından başka renkte var mı?
ainıssından bachka renkte var mı?

tem um número maior/menor?
aynısından daha küçük/büyük bedende var mı?
ainıssından daha kütchük/büiük bedende var mı?

tem em vermelho?
kırmızısı var mı?
kırmızıssı var mı?

sim, ficou bom, vou levar
evet, bu iyi, alıyorum
evet, bu iii, alııorum

não, eu não gostei
hayır, o hoşuma gitmedi
haıır, o hochuma guitmedi

vou pensar
düşüneceğim
düchünedjeeim

eu gostaria de devolver isto, não serve
bunu geri vermek istiyorum, bedeni olmuyor
bunu gueri vermek istiiorum, bedeni olmuior

este(a) ... tem um buraco, posso ter um reembolso?
bu ... de bir delik var, geri ödeme yapıyor musunuz?
bu ... de bir delik var, gueri ödeme iapıior mussunuz?

Compreendendo

çocuk giysisi	roupas infantis
deneme odası	provadores
erkek giyim	moda masculina
iç çamaşırı	roupa íntima
indirimli mallar geri alınmaz	peças em liquidação não podem ser devolvidas
kadın giyim	moda feminina
pazar günü açık	aberto(a) aos domingos

merhaba, yardım edebilir miyim?
olá, posso ajudar?

ondan sadece mavi ve siyah renk var
só temos em azul ou preto

o beden hiç kalmadı
não sobrou nenhum(a) nesse tamanho

size yakıştı	**iyi oturdu**
fica bem em você	caiu bem

eğer bedeni olmazsa geri getirin
você pode trazer de volta se não servir

SOUVENIRS E PRESENTES

Expressando-se

estou procurando um presente para levar para casa
eve götürmek için bir hediye arıyorum
eve götürmek itchin bir hediie arıiorum

estou procurando algo fácil de transportar
taşıması kolay bir şey arıyorum
tachımassı kolai bir chei arıiorum

é para uma menininha de quatro anos
dört yaşında bir kız için
dört iachında bir kız itchin

poderia embrulhar para presente para mim?
benim için hediye paketi yapar mısınız?
benim itchin hediie paketi iapar mıssınız?

Compreendendo

el yapımı — feito à mão
geleneksel yöntemlerle yapılmış ürün — produto feito de modo tradicional
tahtadan/gümüşten/altından/yünden yapılmış — feito de madeira/prata/ouro/lã

kaç para harcayabilirsiniz?
quanto pretende gastar?

hediye mi?
é para presente?

bu yöreye ait tipik bir ürün
é típico da região

FOTOGRAFIAS

ℹ

Muitos turcos dedicam-se à fotografia amadora como *hobby*, e não é difícil encontrar várias lojas de artigos fotográficos em todas as cidades. As pessoas vão a essas lojas para tirar foto para passaporte, revelar fotos, reproduzi-las, transferi-las para CD etc. As lojas de artigos fotográficos também prestam serviços de filmagem em cerimônias de casamento e circuncisão.

O básico

cabine fotográfica	fotoğrafçı *fotooraf-tchı*
câmera descartável	kullan-at fotoğraf makinesi *kullan-at fotooraf makinessi*
câmera digital	dijital kamera *dijital kamera*
cartão de memória	hafıza kartı *hafıza kartı*
cópia	kopya *kopia*
cor	renk *renk*
exposição	sergi *sergui*
filme	filim *filim*
flash	flaş *flach*
foto de passaporte	pasaport için fotoğraf *passaport itchin fotooraf*
máquina fotográfica	fotoğraf makinesi *fotooraf makinessi*
negativo	negatif *negatif*
papel brilhante	parlak kağıt *parlak kaait*
papel fosco	mat kağıt *mat kaait*
preto e branco	siyah beyaz *siiah beiaz*
reimpressão	yeniden baskı *ieniden baskı*
revelar fotos	fotoğraf tab ettirmek *fotooraf tab ettirmek*
slide	slayt *slait*
tirar uma foto/fotos	fotoğraf çekmek *fotooraf tchekmek*

Expressando-se

poderia tirar uma foto de nós, por favor?
fotoğrafımızı çeker misiniz, lütfen?
fotoorafımızı tcheker missiniz lütfen?

é só apertar este botão
sadece bu tuşa basın
sadedje bu tucha bassın

eu gostaria de um filme Fuji colorido de 36 poses
otuzaltılık Fuji renkli filim istiyorum
otuzaltılık fuji renkli filim istiiorum

vocês têm filme em preto e branco?
siyah beyaz filim var mı?
siiah beiaz filim var mı?

quanto custa para revelar um filme de 36 poses?
otuzlatılık filimi kaça tab ediyorsunuz?
otuzlatılık filimi katcha tab ediiorsunuz?

eu gostaria de revelar este filme
bu filimi tab ettirmek istiyorum
bu filimi tab ettirmek istiiorum

eu gostaria de cópias extras de algumas fotos
bazı fotoğrafların ekstra kopyalarını istiyorum
bazı fotooraf-ların ekstra kopialarını istiiorum

três cópias dessa e duas dessa
üç kopya bundan iki kopya bundan
ütch kopia bundan iki kopia bundan

posso imprimir minhas fotos digitais aqui?
dijital makine fotoğraflarımı burada bastırabilir miyim?
dijital makine fotooraf-larımı burada bastırabilir miiim?

poderia gravar essas fotos para mim num CD?
bu fotoğrafları CD yapabilir misiniz?
bu fotooraf-ları sidi iapabilir missiniz?

vim buscar minhas fotos
fotoğraflarımı almaya geldim
fotooraf-larımı almaia gueldim

FOTOGRAFIAS

estou com um problema com a minha máquina fotográfica
fotoğraf makinemde bir sorun var
fotooraf makinemde bir sorun var

não sei o que é
ne olduğunu bilmiyorum
ne olduuunu bilmiiorum

o *flash* não funciona
flaş çalışmıyor
flach tchalıchmıior

Compreendendo

expres baskı	serviço rápido
resimleriniz CDye aktarılır	fotos em CD
standart boy	formato-padrão

belki de pili bitmiştir
talvez a bateria tenha acabado

dijital baskı için makinemiz var
temos uma máquina para impressão de fotos digitais

isim neydi?
qual o nome, por favor?

ne zamana istiyorsunuz?
quando quer retirar as fotos?

bir saatte tab ederiz
podemos revelá-las em uma hora

fotoğraflarınız perşembe öğlene hazır olur
suas fotos ficarão prontas na quinta-feira à tarde

BANCOS 💲

ⓘ

Caixas eletrônicos podem ser encontrados em toda parte e a maioria traz instruções em quatro idiomas, incluindo o inglês. Para trocar dinheiro, geralmente é melhor ir a uma casa de câmbio (**döviz bürosu**) do que a um banco, já que a taxa é mais vantajosa. Em geral os bancos abrem de segunda a sexta-feira, das 9h às 17h, mas alguns ficam fechados durante o horário de almoço. Nas grandes cidades, há alguns bancos que abrem também aos sábados. A moeda turca chama-se **Yeni Türk Lirası**, abreviatura **YTL**. Um **YTL** contém 100 **kuruş**.

O básico

banco	banka *banka*
caixa eletrônico	bankamatik *bankamatik*
cartão de crédito	kredi kartı *kredi kartı*
casa de câmbio	döviz bürosu *döviz bürossu*
cédula (*de dinheiro*)	banknot *banknot*
cheque	çek *tchek*
conta bancária	banka hesabı *banka hessabı*
moeda	madeni para *madeni para*
sacar	para çekmek *para tchekmek*
saque	para çekme *para tchekme*
senha	şifre *chifre*
taxa de comissão	komisyon *komission*
transferir	havale etmek *havale etmek*
traveler's checks	seyahat çeki *seiahat tcheki*
trocar a moeda	bozdurmak *bozdurmak*
troco	bozuk para *bozuk para*

Expressando-se

onde posso trocar dinheiro?
nerede para bozdurabilirim?
nerede para bozdurabilirim?

90

os bancos abrem aos sábados?
bankalar cumartesileri açık mı?
bankalar djumartessileri atchık mı?

estou procurando um caixa eletrônico
bankamatik arıyorum
bankamatik arıiorum

eu gostaria de trocar 100 dólares
yüz dolar bozdurmak istiyorum
iüz dolar bozdurmak istiiorum

que taxa de comissão vocês cobram?
ne kadar komisyon alıyorsunuz?
ne kadar komission alıiorsunuz?

eu gostaria de transferir dinheiro
para havale etmek istiyorum
para havale etmek istiiorum

eu gostaria de informar a perda do meu cartão de crédito
kredi kartımın kaybolduğunu rapor etmek istiyorum
kredi kartımın kaibolduuunu rapor etmek istiiorum

o caixa eletrônico engoliu o meu cartão
bankamatik kartımı yuttu
bankamatik kartımı iuttu

Compreendendo

bir lira/bir milyon	um YTL
beş lira/beş milyon	cinco YTL
on lira/on milyon	dez YTL
yirmi lira/yirmi milyon	vinte YTL
elli lira/elli milyon	cinquenta YTL
yüz lira/yüz milyon	cem YTL
elli kuruş/beş yüz bin	cinquenta kuruş
yirmibeş kuruş/iki yüz elli bin	vinte e cinco kuruş
on kuruş/yüz bin	dez kuruş
beş kuruş/elli bin	cinco kuruş
bir kuruş/on bin	um kuruş

lütfen kartınızı yerleştiriniz
por favor, insira seu cartão

lütfen şifrenizi giriniz
por favor, coloque sua senha

lütfen miktar giriniz
por favor, selecione o valor do saque

makbuzlu para çekme
saque com recibo

makbuzsuz para çekme
saque sem recibo

makbuz istiyor musunuz?
quer recibo?

lütfen istediğiniz miktarı seçiniz
por favor, selecione o valor desejado

hizmet dışı
fora de serviço

AGÊNCIAS DE CORREIO

Em todos os centros urbanos da Turquia, você localizará as agências de correio sinalizadas com uma placa contendo as letras maiúsculas **PTT** num fundo amarelo. Nas áreas turísticas, as lojas comuns vendem selos e envelopes, mas quase sempre por preços acima da média. Você também poderá comprar esses itens nas papelarias (**kırtasiye**). Se puder, vá a uma agência de correios e compre os selos no guichê. As caixas de correio com os dizeres **yurt dışı** são para correspondências a serem enviadas ao exterior e as com os dizeres **yurt içi** são para endereços dentro da Turquia. As agências de correio também são úteis para trocar dinheiro e para transferir dinheiro em cidades pequenas, onde não houver bancos.

O básico

agência de correio	postane *postane*
caixa de correio	posta kutusu *posta kutussu*
carta	mektup *mektup*
cartão-postal	kartpostal *kartpostal*
código de endereçamento postal (CEP)	posta kodu *posta kodu*
correio aéreo	uçak postası *u-tchak postassı*
correspondência	posta *posta*
envelope	zarf *zarf*
enviar	göndermek *göndermek*
escrever	yazmak *iazmak*
pacote	paket *paket*
pôr no correio	mektup atmak *mektup atmak*
postar	postalamak *postalamak*
selo	pul *pul*

Expressando-se

tem alguma agência de correio aqui perto?
buralarda postane var mı?
buralarda postane var mı?

tem alguma caixa de correio aqui perto?
yakında bir posta kutusu var mı?
iakında bir posta kutussu var mı?

a agência de correio fica aberta aos sábados?
postane cumartesileri açık mı?
postane djumartessileri atchık mı?

a que horas fecha a agência de correio?
postane saat kaçta kapanıyor?
postane saat katchta kapaniior?

vocês vendem selos?
pul satıyor musunuz?
pul satıior mussunuz?

eu queria … selos para o Brasil, por favor
Brezilya'ya … tane pul istiyorum, lütfen
breziliaia … tane pul istiiorum lütfen

quanto tempo vai demorar para chegar?
gitmesi ne kadar sürer?
guitmessi ne kadar sürer?

onde posso comprar envelopes?
nereden zarf alabilirim?
nereden zarf alabilirim?

tem correspondência para mim?
bana hiç mektup var mı?
bana hitch mektup var mı?

Compreendendo

dikkatli taşıyınız	manusear com cuidado
gönderici	remetente
ilk dağıtım	primeira coleta
kırılır	frágil
son dağıtım	última coleta

üç ile beş gün arasında sürer
vai levar entre três e cinco dias

CYBERCAFÉS E E-MAIL

www

ⓘ

Cybercafés podem ser encontrados na maioria das cidades turcas. A conexão geralmente é razoável e o preço é baixo, exceto nas regiões muito turísticas. Num *cybercafé*, você em geral pode pedir chá ou bebidas não alcoólicas. Fora dos horários escolares, você poderá ficar cercado por crianças jogando nos computadores, de modo que pode ser meio barulhento. O teclado usado é o QWERTY, mas com algumas letras turcas. Assim, você pode se confundir e, por exemplo, teclar o **ı** em vez do **i**, ou se atrapalhar um pouco com as letras turcas (**ö**, **ü**, **ş**).

O básico

arroba	et işareti *et ichareti*
cópia	kopyala *kopiala*
cortar	kes *kes*
cybercafé	internet kafe *internet kafe*
deletar	sil *sil*
download	yükle *iükle*
e-mail	email *email*
endereço eletrônico	email adresi *email adressi*
enviar	gönder *gönder*
enviar um *e-mail*	mesaj at *messaj at*
para a frente	ilerle *ilerle*
pasta	yapıştır *iapıchtır*
receber	mesaj al *messaj al*
salvar	kaydet *kaidet*
tecla	tuş *tuch*
teclado	klavye *klavie*

Expressando-se

tem algum *cybercafé* aqui perto?
buralarda bir internet kafe var mı?
buralarda bir internet kafe var mı?

WWW

você tem e-mail?
email adresiniz var mı?
email adressiniz var mı?

como me conecto?
nasıl bağlanabilirim?
nassıl baalanabilirim?

eu só queria ver meus e-mails
sadece maillerimi kontrol etmek istiyorum
sadedje maillerimi kontrol etmek istiiorum

será que você poderia me ajudar, não sei direito o que fazer
bana yardım eder misiniz? ne yapacağımı bilmiyorum
bana iardım eder missiniz? ne iapadjaaımı bilmiiorum

não consigo achar o arroba neste teclado
klavyede et işaretini bulamıyorum
klaviede et icharetini bulamiiorum

tem algo errado com meu computador, está travando
bilgisayarda bir problem var – bloke oldu
bilguissaiarda bir problem var – bloke oldu

não está funcionando
çalışmıyor
tchalıchmiior

quando pago?
ne zaman ödüyorum?
ne zaman ödüiorum?

quanto custa por meia hora?
yarım saati kaç para?
iarım saati katch para?

Compreendendo

giden kutusu	caixa de saída
posta kutusu	caixa de entrada

yirmi dakikalık bekleme var
você terá de esperar por mais ou menos uns 20 minutos

giriş için bu şifreyi girin
basta inserir a senha para fazer o *log in*

eğer bilemiyorsanız lütfen sorun
caso não saiba o que fazer, basta perguntar

TELEFONANDO

ℹ️

Os números de telefone na Turquia têm sete dígitos, precedidos de um código de área (DDD) de três dígitos. Insira um zero antes dele se estiver ligando de alguma localidade da própria Turquia. Os telefones celulares têm onze dígitos.

Para ligar para a Turquia, estando no exterior, digite 00 90 seguido do código de área (por exemplo, 212 para Istambul), mais os sete dígitos do número do telefone.

Para ligar para o Brasil, digite 00 55, seguido do código de área da cidade e o número do telefone.

Você poderá comprar cartões de telefone em bancas de jornais, agências de correio e, às vezes, em mercearias. Os cartões podem ser usados nas cabines telefônicas, nos telefones públicos das agências de correio ou nas centrais telefônicas (que podem ser facilmente reconhecidas pela placa **Türk Telekom**).

Você também poderá usar seu próprio telefone celular na Turquia, mas isso pode custar muito caro. Recentemente, foram abertas nas grandes cidades e estâncias turísticas "lojas" privadas de telefonia, uma opção mais barata para ligações internacionais.

O básico

alô	alo *alo*
cabine telefônica	telefon kulübesi *telefon kulübessi*
cartão de recarga	hazır kart *hazır kart*
cartão de telefone	telefon kartı *telefon kartı*
chamada, ligação	görüşme *görüchme*
chamada internacional	uluslararası arama *uluslararassı arama*
chamada local	şehiriçi arama *chehirichi arama*
chamada nacional	şehirlerarası arama *chehirlerarassı arama*
ligar para alguém	birini aramak *birini aramak*

lista telefônica	telefon rehberi *telefon rehberi*
mensagem	mesaj *messaj*
número de telefone	telefon numarası *telefon numarassı*
páginas amarelas®	sarı sayfalar *sarı saifalar*
secretária eletrônica	telesekreter *telessekreter*
serviço de informações	bilinmeyen numaralar *bilinmeien numaralar*
telefone	telefon *telefon*
telefone celular	cep telefonu *djep telefonu*
telefonema	telefon görüşmesi *telefon görüchmessi*
toque do telefone	melodi *melodi*

Expressando-se

onde posso comprar um cartão de telefone?
nereden bir telefon kartı alabilirim?
nereden bir telefon kartı alabilirim?

um cartão de recarga de … liras, por favor
… liralık hazır kart/telefon kartı, lütfen
… liralık hazır kart/telefon kartı, lütfen

eu gostaria de fazer uma chamada a cobrar
ödemeli arama yapmak istiyorum
ödemeli arama iapmak istiiorum

tem alguma cabine telefônica aqui perto, por favor?
buralarda bir telefon kulübesi var mı?
buralarda bir telefon kulübessi var mı?

posso colocar meu telefone aqui para carregar?
telefonumu bu pirizde şarj edebilir miyim?
telefonumu bu pirizde charj edebilir miiim?

você tem um número de celular?
cep telefonu numaran var mı?
djep telefonu numaran var mı?

onde (em que número) posso ligar para você?
seni nereden arayabilirim?
seni nereden araiabilirim?

você recebeu minha mensagem?
mesajımı aldın mı?
messajımı aldın mı?

Compreendendo

çevirdiğiniz numara eksik ya da yanlış
o número discado não existe

lütfen kare tuşuna basınız
por favor, digite a tecla #

FAZENDO UMA LIGAÇÃO

Expressando-se

alô, aqui é o ...
alo, ben ...
alo, ben ...

alô, posso falar com ..., por favor?
alo, ... ile görüşebilir miyim, lütfen?
alo, ... ile görüchebilir miiim, lütfen?

alô, é o Arzu?
alo, Arzu ile mi görüşüyorum?
alo, arzu ile mi görüchüiorum?

você fala inglês?
İngilizce biliyor musunuz?
inguilizdje biliior mussunuz?

poderia falar mais devagar, por favor?
daha yavaş konuşur musunuz lütfen?
daha iavach konuchur mussunuz lütfen?

não estou conseguindo ouvir, poderia falar mais alto, por favor?
duyamıyorum, daha yüksek sesle konuşur musunuz, lütfen?
duiamiiorum, daha iüksek sesle konuchur mussunuz, lütfen?

poderia dizer a ele/ela que liguei?
ona aradığımı söyler misiniz?
ona aradııımı söiler missiniz?

poderia pedir que ele/ela retorne a ligação?
ona beni aramasını söyler misiniz?
ona beni aramassını söiler missiniz?

volto a ligar mais tarde
daha sonra tekrar ararım
daha sonra tekrar ararım

meu nome é ... e meu telefone é ...
adım ... ve numaram ....
adım ... ve numaram ...

saberia me dizer quando posso falar com ele/ela?
ne zaman müsait olacağını biliyor musunuz?
ne zaman müssait oladjaaını biliior mussunuz?

obrigado(a), até logo
teşekkür ederim, hoşçakalın
techekkür ederim, hoch-tchakalın

Compreendendo

kim arıyor(du)?
quem está falando?

kendisi şu anda burada değil
ele/ela não está no momento

aradığınızı söylerim
direi a ele/ela que você ligou

bekleyin/hatta kalın
um momento

yanlış numara
você ligou errado

mesaj bırakmak ister misiniz?
quer deixar um recado?

sizi aramasını söylerim
direi a ele/ela para retornar a ligação

ayrılmayın, bağlıyorum
vou passar para ele/ela

PROBLEMAS

Expressando-se

não sei o código
telefon kodunu bilmiyorum
telefon kodunu bilmiiorum

está ocupado
meşgul
mechgul

não está atendendo
cevap yok
djevap iok

não completou a ligação
numarayı düşüremedim
numaraii düchüremedim

não tenho muito crédito no meu telefone
telefonumun kontörü az
telefonumun kontörü az

nossa ligação vai ser cortada já já
hat kesilmek üzere
hat kessilmek üzere

a ligação está muito ruim
bağlantı çok kötü
baalantı tchok kötü

não estou conseguindo sinal
telefonum çekmiyor
telefonum tchekmiior

Compreendendo

sizi güçlükle duyuyorum
não estou conseguindo ouvi-lo(a) direito

bağlantı kötü
a linha está ruim

hat kesildi/bağlantı koptu
a linha foi desligada

Abreviaturas comuns
iş = telefone comercial
ev = telefone residencial
cep = telefone celular

Algumas expressões informais
arama yapmak dar um telefonema
yüzüne kapatmak bater o telefone na cara de alguém

SAÚDE

É muito fácil encontrar um médico na Turquia, a não ser que você esteja em algum lugar muito remoto, como um vilarejo de montanha. O local onde se pode encontrar um clínico geral é indicado através de placas instaladas nas ruas do entorno com os dizeres **Sağlık Ocağı**. Os hospitais são sinalizados por uma placa com a letra H em maiúscula sobre um fundo azul-escuro. Você poderá consultar um cirurgião especialista numa **poliklinik**, dentro de um hospital durante o horário comercial. É possível marcar uma consulta com antecedência ou ir no mesmo dia, dependendo da organização do local. A seção de pronto-socorro nos hospitais é sinalizada com a placa **ACİL SERVİS**. Em caso de emergência, você poderá chamar uma ambulância, ligando para o número 112. Para tratar resfriados simples, contusões, dores de cabeça, alergias e coisas do gênero, você poderá comprar remédios, inclusive alguns antibióticos e anti-histamínicos, sem receita médica. Na maioria dos lugares, as farmácias ficam abertas das 9h às 20h. À noite e aos domingos há farmácias de plantão. A lista delas fica afixada em locais visíveis em todas as farmácias e nos jornais locais. Se for viajar um tempo por regiões relativamente afastadas dentro da Turquia, tome antes a vacina da hepatite B e evite beber água da torneira ou comer **çiğ köfte**, um prato feito com carne crua de cordeiro.

O básico

álcool cirúrgico	cerrahi solüsyon *djera<u>h</u>i solüssion*
alergia	alerji *alerji*
ambulância	ambulans *ambulans*
analgésico	ağrı kesici *aarı kessidji*
aspirina®	aspirin *aspirin*
***band-aid*®**	yara bandı *iara bandı*
clínico geral	pratisyen doktor *pratissien doktor*
comprimido	tablet *tablet*
dentista	dişçi *dich-tchi*
desinfetar	dezenfekte etmek *dezenfekte etmek*
desmaiar	bayılmak *baiilmak*

diarreia	ishal *is-hal*
erupção	isilik *issilik*
farmácia	eczane *edjzane*
febre	ateş *atech*
ginecologista	jinekolog *jinekolog*
hospital	hastane *hastane*
infecção	enfeksiyon *enfeksiion*
intoxicação alimentar	besin zehirlenmesi *bessin zehirlenmessi*
mancha	leke *leke*
medicamento	ilaç *ilatch*
médico	doktor *doktor*
menstruação	adet, aybaşı *adet, aibachı*
preservativo	prezervatif *prezervatif*
pronto-socorro	acil servis *adjil servis*
quebrado(a)	kırık *kırk*
queimadura de sol	güneş yanığı *günech ianııı*
radiografia	röntgen *röntguen*
sangue	kan *kan*
vacina	aşı *achı*
vomitar	kusmak *kusmak*

Expressando-se

alguém tem uma aspirina®/um absorvente interno/um *band-aid*®?
birinizde aspirin/tampon/yara bandı var mı?
birinizde aspirin/tampon/iara bandı var mı?

preciso ir a um médico
bir doktora ihtiyacım var
bir doktora ihtiiadjım var

ondo posso achar um médico?
nerede bir doktor bulabilirim?
nerede bir doktor bulabilirim?

eu gostaria de marcar uma consulta para hoje
bugüne bir randevu almak istiyorum
bugüne bir randevu almak istiiorum

o mais breve possível
en kısa zamanda
en kıssa zamanda

não, não tem problema
hayır, farketmez
haiir, farketmez

SAÚDE

poderia mandar uma ambulância para…
… 'e bir ambulans gönderir misiniz?
… 'e bir ambulans gönderir misiniz?

quebrei meus óculos	**perdi uma lente de contato**
gözlüklerimi kırdım	lenslerimden birini kaybettim
gözlüklerimi kırdım	*lenslerimden birini kaibettim*

Compreendendo

acil servis	pronto-socorro
muayenehane	consultório médico
reçete	receita médica

perşembeye kadar randevu veremiyoruz
não há horários para consultas até quinta-feira

cuma öğleden sonra saat 2 olur mu?
sexta-feira, às 2h da tarde está bom?

SAÚDE

NO MÉDICO OU NO HOSPITAL

Expressando-se

tenho uma consulta com o dr. …
Dr. … 'le/la randevum var
doktor …'le/la randevum var

não estou me sentindo muito bem
kendimi pek iyi hissetmiyorum
kendimi pek iii hissetmiorum

estou me sentindo muito fraco(a)
çok halsizim
tchok halsizim

não sei o que é	**fui mordido(a)/picado(a) por …**
nedir bilmiyorum	bir … tarafından ısırıldım/sokuldum
nedir bilmiiorum	*bir … tarafından ıssırıldım/sokuldum*

estou com dor de cabeça
başım ağrıyor
bachım aarıior

estou com dor de dente/dor de estômago
dişim/midem ağrıyor
dichim/midem aarıior

estou com dor de garganta
boğazım ağrıyor
booazım aarıior

minhas costas estão doendo
sırtım acıyor
sırtım adjiior

dói
acıyor
adjiior

dói aqui
burası acıyor
burassı adjiior

estou sentindo enjoo
kusmak istiyorum
kusmak istiiorum

piorou
daha fenalaştı
daha fenalachtı

há três dias
üç gün oldu
ütch gün oldu

começou ontem à noite
dün gece başladı
dün guedje bachladı

isto nunca me aconteceu antes
daha önce hiç başıma gelmedi
daha öndje hitch bachıma guelmedi

estou com febre
ateşim var
atechim var

tenho asma
astımım var
astımım var

tenho um problema cardíaco
kalp rahatsızlığım var
kalp rahatsızlııım var

coça
kaşınıyor
kachınıior

estou tomando antibiótico há uma semana, mas não estou melhorando
bir haftadır antibiyotik kullanıyorum ve durumumda bir düzelme yok
bir haftadır antibiiotik kullanıiorum ve durumumda bir düzelme iok

eu tomo pílula anticoncepcional
doğum kontrol hapı kullanıyorum
dooum kontrol hapı kullanıiorum

SAÚDE

estou grávida de … meses
… aylık hamileyim
… ailık hamileiim

torci o tornozelo
ayak bileğimi incittim
aiak bileeimi indjittim

eu caí e machuquei as costas
düştüm ve sırtımı incittim
düchtüm ve sırtımı indjittim

tive um desmaio
bayıldım
baiildım

é grave?
ciddi mi?
djiddi mi?

como ele/ela está?
nasıl oldu?
nassıl oldu?

tenho alergia a penicilina
penisiline alerjim var
penissiline alerjim var

perdi uma obturação
dolgum düştü
dolgum düchtü

é contagioso(a)?
bulaşıcı mı?
bulachıdjı mı?

quanto lhe devo?
borcum ne kadar?
bordjum ne kadar?

poderia me dar um recibo, assim poderei ter o reembolso do dinheiro?
bana geri ödeme yapılması için bir makbuz verebilir misiniz?
bana gueri ödeme iapılmassı itchin bir makbuz verebilir missiniz?

Compreendendo

bekleme salonunda bekleyiniz, lütfen
aguarde na sala de espera, por favor

neresi acıyor?
onde dói?

buraya bastırınca acıyor mu?
dói quando aperto aqui?

uzanın, lütfen
deite-se, por favor

derince nefes alın
respire fundo

… e/a/ye/ya karşı aşınız var mı?
você é vacinado contra …?

... e/a/ye/ya alerjiniz var mı?
é alérgico(a) a …?

herhangi başka bir ilaç kullanıyor musunuz?
está tomando algum outro medicamento?

size bir reçete yazacağım
vou lhe dar uma receita

birkaç güne kadar hafiflemesi lazım
deve melhorar em alguns dias

çabuk iyileşmesi lazım
deve sarar logo

ameliyat olmanız gerekecek
você vai precisar de uma cirurgia

bir hafta sonra gelin ve beni görün
volte daqui a uma semana

NA FARMÁCIA

Expressando-se

eu queria uma caixa de *band-aid*®, por favor
bir kutu yara bandı istiyorum, lütfen
bir kutu iara bandı istiiorum, lütfen

tem algum remédio para resfriado forte?
ağır üşüttüm, uygun bir ilaç var mı?
aaır üchüttüm, uigun bir ilatch var mı?

preciso de algo para tosse
öksürüğüm için bir ilaç lazım
öksürüüüm itchin bir ilatch lazım

tenho alergia a aspirina®
aspirine alerjim var
aspirine alerjim var

preciso da pílula do dia seguinte
cinsel ilişki sonrası doğum kontrol hapı istiyorum
djinsel ilichki sonrassı dooum kontrol hapı istiiorum

eu gostaria de tentar um remédio homeopático
bir homeopatik tedavi yöntemi denemek istiyorum
bir homeopatik tedavi iöntemi denemek istiiorum

eu queria um frasco de solução para lentes de contato gelatinosas
yumuşak kontak lensler için bir şişe solüsyon istiyorum
iumuchak kontak lensler itchin bir chiche solüssion istiiorum

Compreendendo

fitil	supositórios
kapsül	cápsula
kontraendikasyonları	contraindicações
krem	creme
merhem	pomada
reçete ile satılır	venda somente com receita médica
şurup	xarope
tablet	comprimido
toz	pó
uygula	aplicar
yan etkileri	possíveis efeitos colaterais

günde üç defa yemeklerden önce alınız
tomar três vezes ao dia antes das refeições

Algumas expressões informais

yatağa çivilenmek ficar de cama
berbat hissetmek estar mal/doente
çok fena üşütmüşüm pegar um resfriado terrível
şuurunu kaybetmek ficar fora do ar

PROBLEMAS E EMERGÊNCIAS

ⓘ

Os números de emergência são: **110** para bombeiros, **155** para a polícia e **112** para chamar uma ambulância. Você também poderá chamar **154** especificamente para a polícia de trânsito, ou **153** para a polícia municipal.

O básico

acidente	kaza *kaza*
ambulância	ambulans *ambulans*
atrasado(a)	geç *guetch*
bombeiros	itfaiye *itfaiie*
deficiente	engelli *enguelli*
doente	hasta *hasta*
emergência	acil durum *adjil durum*
ferido(a)	yaralı *iaralı*
fogo	yangın *ianguin*
guarda costeira	sahil güvenlik *sahil güvenlik*
hospital	hastane *hastane*
médico	doktor *doktor*
polícia	polis *polis*
quebrado(a)	kırık *kırık*

Expressando-se

você poderia me ajudar?
bana yardım eder misiniz?
bana iardım eder missiniz?

fogo!
yangın var!
ianguin var!

cuidado!
dikkat et!
dikkat et!

socorro!
imdat!
imdat!

109

é uma emergência!
acil durum!
adjil durum!

houve um acidente
bir kaza oldu
bir kaza oldu

poderia me emprestar seu telefone, por favor?
telefonunuzu ödünç alabilir miyim, lütfen
telefonunuzu ödüntch alabilir miiim, lütfen?

alguém aqui fala inglês?
burada hiç kimse İngilizce konuşuyor mu?
burada hitch kimse inguilizdje konuchuior mu?

preciso entrar em contato com o consulado do Brasil
Brezilya konsolosluğunu aramam lazim
Brezilia konsoloslüuunu aramam lazim

onde fica a delegacia de polícia mais próxima?
en yakın karakol nerede?
en iakın karakol nerede?

o que devo fazer?
ne yapmam lazım?
ne iapmam lazım?

minha bolsa foi roubada
çantam gasp edildi
tchantam gasp edildi

meu passaporte/cartão de crédito foi roubado
pasaportum/kredi kartım çalındı
passaportum/kredi kartım tchalındı

perdi ...
... kaybettim
... kaibettim

fui atacado
saldırıya uğradım
saldırıia uuradım

meu filho/minha filha desapareceu
oğlum/kızım kayıp
oolum/kızım kaiip

meu carro foi guinchado
arabam çekildi
arabam tchekildi

tive um problema mecânico
arabam bozuldu
arabam bozuldu

meu carro foi arrombado
arabama hırsız girdi
arabama hırsız guirdi

tem um homem me seguindo
beni takip eden bir adam var
beni takip eden bir adam var

tem acesso para deficientes?
engelli girişi var mı?
enguelli guirichi var mı?

poderia dar uma olhadinha nas minhas coisas por um minuto?
eşyalarıma bir dakika göz kulak olur musunuz?
echialarıma bir dakika göz kulak olur mussunuz?

ele está se afogando, chame ajuda!
boğuluyor, yardım çağır!
boouluior, iardım tchaaır!

Compreendendo

acil durum çıkışı	saída de emergência
bozuk	fora de serviço
dağ kurtarma	resgate na montanha
dikkat köpek var	cuidado com o cão
kayıp eşya	achados e perdidos
polis acil servis	serviços de emergências policiais
tamirci	socorro mecânico

POLÍCIA

Expressando-se

eu gostaria de denunciar um roubo
çalınmış mal beyan etmek istiyorum
tchalınmıch mal beian etmek istiiorum

preciso de um documento da polícia para minha companhia de seguro
sigorta şirketime vermek için polisten bir belgeye ihtiyacım var
sigorta chirketime vermek itchin polisten bir belgueie ihtiiadjım var

Compreendendo

Preenchendo formulários

soyad/soyisim	sobrenome
ad, isim	nome
adres	endereço
posta kodu	código de endereçamento postal (CEP)
ülke	país
uyruk/milliyet	nacionalidade
doğum tarihi	data de nascimento
doğum yeri	local de nascimento
yaş	idade
cinsiyet	sexo
kalınacak süre	tempo de estadia
geliş tarihi	data de chegada
ayrılış tarihi	data de partida
meslek	profissão
pasaport numarası	número do passaporte

bu eşya için gümrük vergisi ödemek gerekiyor
você tem de pagar taxas alfandegárias sobre esse item

bu çantayı açar mısınız, lütfen?
poderia abrir essa bolsa, por favor?

ne eksik?
o que está faltando?

bu ne zaman oldu?
quando aconteceu isso?

nerede kalıyorsunuz?
onde está hospedado?

onu tanımlayabilir misiniz?
poderia descrevê-lo(a)?

bu formu doldurur musunuz, lütfen?
poderia preencher este formulário, por favor

burayı imzalar mısınız, lütfen?
poderia assinar aqui, por favor?

Algumas expressões informais

aynasız tira, policial
hücre, delik xadrez, cadeia
deliğe tıkılmak ir em cana, ser preso
çaldırmak ter algo surrupiado/roubado

HORA E DATA

O básico

à noite	akşam *akcham*
agora	şimdi *chimdi*
ainda	hala *hala*
ainda não	henüz değil *henüz deiil*
ano	yıl *iil*
antes	önce *öndje*
após	sonra *sonra*
às vezes	bazen *bazen*
até	... e kadar ... *e kadar*
cedo	erken *erken*
de ... a ...	... 'den/dan/ten/tan ... 'e/a/ye/ya ... *den/dan/ten/tan ... e/a/ie/ia*
de vez em quando	zaman zaman *zaman zaman*
desde ...	... 'den/dan/ten/tan beri ... *den/dan/ten/tan beri*
dia	gün *gün*
durante	sırasında *sırassında*
em breve	yakında *iakında*
em meados de	ortasında *ortassında*
em um instante	kısa bir süre içinde *kıssa bir süre itchinde*
entre ... e ...	... ile ... arasında ... *ile ... arassında*
fim de semana	hafta sonu *hafta sonu*
frequentemente	sık sık *sık sık*
imediatamente	derhal *der-hal*
já	hemen *hemen*
manhã	sabah *sabah*
meia-noite	gece yarısı *guedje iarıssı*
meio-dia	gün ortası *gün ortassı*
mês	ay *ai*
na hora do almoço	öğleyin *ööleiin*
no começo/fim de	başında/sonunda *bachında/sonunda*
no momento	şu anda *chu anda*
noite	akşam *akcham*; gece *guedje*

114

nunca	asla *asla*
ocasionalmente	ara sıra *ara sıra*
por muito tempo	uzun bir süre *uzun bir süre*
próximo(a)	bir sonraki *bir sonraki*
raramente	nadiren *nadiren*
recentemente	kısa zaman önce *kıssa zaman öndje*
semana	hafta *hafta*
sempre	her zaman *her zaman*
tarde (adj)	geç *guetch*
último	son *son*

Expressando-se

até logo!
yakında görüşürüz!
iakında görüchürüz!

até mais tarde!
sonra görüşürüz!
sonra görüchürüz!

até segunda-feira!
pazartesi görüşürüz!
pazartessi görüchürüz!

bom fim de semana!
iyi hafta sonları!
iii hafta sonları!

desculpe, estou atrasado(a)
özür dilerim geciktim
özür dilerim guedjiktim

ainda não estive lá
henüz oraya gitmedim
henüz oraia guitmedim

não tive tempo para …
… e/a/ye/ya zamanım olmadı
… e/a/ie/ia zamanım olmadı

tenho bastante tempo
çok vaktim var
tchok vaktim var

estou com pressa
acelem var
adjelem var

rápido!
çabuk ol!
tchabuk ol!

só um minuto, por favor
bir dakika, lütfen
bir dakika, lütfen

tive uma longa noite
gece geç yattım
guedje guetch iattım

levantei muito cedo
çok erken kalktım
tchok erken kalktım

esperei séculos
çok uzun zaman bekledim
tchok uzun zaman bekledim

tenho de acordar muito cedo amanhã para pegar o meu voo
yarın uçağa yetişmek için çok erken kalkmalıyım
iarın u-tchaaa ietichmek itchin tchok erken kalkmalıiım

só temos mais quatro dias
sadece dört günümüz kaldı
sadedje dört günümüz kaldı

A DATA

Como as datas são escritas:

2 de dezembro de 2006	2 Aralık 2006 günü
em 2006	2006 yılında
de 2005 a 2006	2005'ten 2006'ya kadar
entre 2005 e 2006	2005-2006 yılları arasında
a.C. (antes de Cristo)	Milattan Önce (M. Ö.) ou veya İsa'dan Önce (İ. Ö.)
d.C. (depois de Cristo)	Milattan Sonra (M. S.) ou veya İsa'dan Sonra (İ. S.)

Os séculos podem ser escritos com algarismos romanos ou arábicos:

século XV   XV. yüzyıl (XV.yy) ou 15. yy

O básico

amanhã — yarın *iarın*
amanhã de manhã/à tarde/à noite — yarın sabah/öğleden sonra/akşam *iarın sabah/ööleden sonra/akcham*
anteontem — önceki gün *öndjeki gün*
antes — önce *öndje*
dentro de dois dias — iki güne kadar *iki güne kadar*
depois de amanhã — öbür gün *öbür gün*
em meados de — ortasında *ortassında*
hoje — bugün *bugün*
na noite passada — dün gece *dün guedje*
no final de — sonunda *sonunda*
no início de — başında *bachında*

ontem
ontem de manhã/à tarde/à noite

dün *dün*
dün sabah/öğleden sonra/akşam
dün sabah/ööleden sonra/akcham

Expressando-se

nasci em 1975
bin dokuz yüz yetmiş beşte doğdum
bin dokuz iüz ietmich bechte doodum

eu vim aqui há alguns anos
buraya birkaç yıl önce geldim
buraia birkatch iil öndje gueldim

passei um mês na França no último verão
geçen yaz Fransa'da bir ay kaldım
gue-tchen iaz fransada bir ai kaldım

estive aqui no ano passado, nessa mesma época
geçen yıl da aynı zamanda buradaydım
gue-tchen iil da aını zamanda buradaidım

qual a data de hoje?
bugünün tarihi nedir?
bugünün tarihi nedir?

que dia é hoje?
bugün günlerden ne?
bugün günlerden ne?

é 1º de maio
bugün bir mayıs
bugün bir maiıs

vou ficar até domingo
pazara kadar kalıyorum
pazara kadar kalııorum

vamos embora amanhã
yarın gidiyoruz
iarın guidiioruz

já tenho planos para terça-feira
salı günü doluyum
salı günü doluium

HORA E DATA

Compreendendo

bir kez/iki kez	uma vez/duas vezes
her gün	todos os dias
her pazartesi	toda segunda-feira
saatte/günde üç kez	três vezes por hora/por dia
pazartesi	segunda-feira
salı	terça-feira
çarşamba	quarta-feira
perşembe	quinta-feira
cuma	sexta-feira
cumartesi	sábado
pazar	domingo

ondokuzuncu yüzyılın ortalarında inşa edilmiş
foi construído(a) em meados do século XIX

yazın burası çok kalabalık olur
no verão aqui fica muito cheio

ne zaman gidiyorsunuz?
quando você vai embora?

ne kadar kalacaksınız?
quanto tempo vai ficar?

A HORA

Dizendo as horas:

Ao dizer as horas, o número deve ser precedido da palavra saat (hora):
  são cinco horas saat beş

Para os minutos passados de determinada hora, coloque a respectiva hora seguida do sufixo acusativo (ver gramática) + o número de minutos + geçiyor ("passado"):
  são cinco e dez saat 5'i 10 geçiyor (saat beşi on geçiyor)

Para indicar os minutos que precedem determinada hora, coloque o sufixo de direção (para a frente) + var ("há"):
  são dez para as cinco saat 5'e 10 var (saat beşe on var)

Para dizer "e meia", simplesmente coloque buçuk ("meia") após a hora:
  são cinco e meia saat beş buçuk

Algumas expressões informais
saat tam 2'de (ikide) às 2h em ponto
saat 8'i (sekizi) biraz geçiyor acabou de dar 8h

O básico

15 minutos	on beş dakika *on bech dakika*
45 minutos	kırk beş dakika *kırk bech dakika*
à tarde	öğleden sonra *ööleden sonra*
cedo	erken *erken*
de manhã	sabah *sabah*
meia hora	yarım saat *iarım saat*
meia-noite	gece yarısı *guedje iarıssı*
meio-dia	gün ortası *gün ortassı*
na hora	zamanında *zamanında*
tarde	geç *guetch*

Expressando-se

que horas são?
saat kaç?
saat katch?

desculpe, você tem horas, por favor?
affedersiniz, saat kaç, lütfen?
affedersiniz, saat katch, lütfen?

são 3h em ponto
saat tam üç
saat tam ütch

é quase 1h
saat neredeyse bir
saat neredeisse bir

é 1h e 10
saat biri on geçiyor
saat biri on gue-tchiior

é 1h e 15
saat biri çeyrek geçiyor
saat biri tcheirek gue-tchiior

são 15 para a 1h
saat bire çeyrek var
saat bire tcheirek var

é meio-dia e 20
saat onikiyi yirmi geçiyor
saat onikiii iirmi gue-tchiior

HORA E DATA

são 20 para o meio-dia
saat onikiye yirmi var
saat onikiie iirmi var

é 1h e meia
saat bir buçuk
saat bir bu-tchuk

cheguei mais ou menos às 2h
saat iki gibi vardım
saat iki guibi vardım

coloquei o despertador para as 9h
saatimi dokuza kurdum
saatimi dokuza kurdum

esperei vinte minutos
yirmi dakika bekledim
iirmi dakika bekledim

o trem estava quinze minutos atrasado
tren on beş dakika gecikti
tren on bech dakika guedjikti

cheguei em casa há uma hora
eve bir saat önce vardım
eve bir saat öndje vardım

vamos nos encontrar daqui a meia hora?
yarım saate kadar buluşalım mı?
iarım saate kadar buluchalım mı?

volto em quinze minutos
on beş dakikaya kadar dönerim
on bech dakikaia kadar dönerim

tem três horas de diferença entre ... e ...
... ile ... arasında üç saatlik zaman farkı var
... ile ... arassında ütch saatlik zaman farkı var

Compreendendo

sabah 10 akşam 4 arası açık
aberto(a) das 10h às 16h

tam saatlerde ve buçuklarda kalkıyor
partidas de hora em hora e de meia em meia hora

her akşam saat yedide var
é toda noite, às 19h

yaklaşık bir buçuk saat sürüyor
dura cerca de uma hora e meia

sabah saat onda açılıyor
abre às 10h da manhã

> ### Algumas expressões informais
> **sabah sabah rahatsız etmek**
> incomodar alguém de manhã muito cedo
> **sabahın köründe uyandırmak**
> acordar alguém muito cedo
> **tavuklar yatmadan uyumak**
> ir para a cama muito cedo ("ir dormir com as galinhas")

NÚMEROS

ℹ️

Você precisará saber os números acima de 12 para dizer as horas e os números acima de 1.000 para a maioria das compras. Nos preços, o símbolo corrente **YTL** (**Yeni Türk Lirası**), da lira turca, é escrito depois do valor (por exemplo, 350 YTL). Na língua falada, porém, ao expressar valores, os turcos usam apenas a palavra "lira" (portanto, 350 YTL = **üç yüz elli lira**).

0	sıfır *sıfır*
1	bir *bir*
2	iki *iki*
3	üç *ütch*
4	dört *dört*
5	beş *bech*
6	altı *altı*
7	yedi *iedi*
8	sekiz *sekiz*
9	dokuz *dokuz*
10	on *on*
11	on bir *on bir*
12	on iki *on iki*
13	on üç *on ütch*
14	on dört *on dört*
15	on beş *on bech*
16	on altı *on altı*
17	on yedi *on iedi*
18	on sekiz *on sekiz*
19	on dokuz *on dokuz*
20	yirmi *iirmi*
21	yirmi bir *iirmi bir*
22	yirmi iki *iirmi iki*
30	otuz *otuz*
35	otuz beş *otuz bech*
40	kırk *kırk*
50	elli *elli*

60	altmış *altmıch*
70	yetmiş *ietmich*
80	seksen *seksen*
90	doksan *doksan*
100	yüz *iüz*
101	yüz bir *iüz bir*
200	iki yüz *iki iüz*
500	beş yüz *bech iüz*
1000	bin *bin*
2000	iki bin *iki bin*
10000	on bin *on bin*
1000000	yüz bin *iüz bin*

primeiro	birinci *birindji*
segundo	ikinci *ikindji*
terceiro	üçüncü *ütchündjü*
quarto	dördüncü *dördündjü*
quinto	beşinci *bechindji*
sexto	altıncı *altındji*
sétimo	yedinci *iedindji*
oitavo	sekizinci *sekizindji*
nono	dokuzuncu *dokuzundju*
décimo	onuncu *onundju*
vigésimo	yirminci *iirmindji*

20 mais 3 é igual a 23
yirmi artı üç eşittir yirmi üç
iirmi artı ütch echittir iirmi ütch

20 menos 3 é igual a 17
yirmi eksi üç eşittir onyedi
iirmi eksi ütch echittir oniedi

20 multiplicado por 4 é igual a 80
yirmi çarpı dört eşittir seksen
iirmi tcharpı dört echittir seksen

20 dividido por 4 é igual a 5
yirmi bölü dört eşittir beş
iirmi bölü dört echittir bech

NÚMEROS

DICIONÁRIO

PORTUGUÊS-TURCO

A

a dez milhas de distância on mil uzakta
a ela, a, la *(pr obl)* ona, onu
a ele, o, lo *(pr obl)* ona, onu
a eles/elas, para eles/elas, lhes onlar
a nós, para nós, nos bize; bizi
à prova d'água su geçirmez
a(s) dele/dela, o(s) dele/dela onunki
abaixo aşağıda
abastecer doldurmak; **abastecer com gasolina** benzinle doldurmak
abelha arı
abençoar kutsamak
aberto(a) açık
aberto(a) até tarde geç saate kadar açık
abismo uçurum
abridor de garrafas şişe açacağı
abridor de latas konserve açacağı
abril nisan
abrir açmak
absorvente interno, tampão tampon
absorventes higiênicos aybaşı pedi
acabar bitmek/tükenmek; **acabar a gasolina, ficar sem gasolina** benzini bitmek

acabo de chegar şimdi geldim
acampar kampa gitmek
acaso rastgele; **ao acaso** tesadüfi, rastlantısal
aceitar kabul etmek
acender açmak
acesso giriş
acidente kaza
acima üzerinde
acima, na parte de cima yukarıda
aconselhar tavsiye vermek
acontecer olmak
acordar uyanmak
açougue kasap
acreditar inanmak
açúcar şeker
adaptador adaptör
adeus hoşçakal
adicionar eklemek, ilave etmek
administrador yöneticı
administrar yönetmek
adoecer hasta düşmek
adolescente genç
adormecer uyuyakalmak
advogado avukat
aeroporto havaalanı
afogar-se boğulmak
agarrar kavramak
agência de correio postane
agência de viagens seyahat acentesi
agendar randevu; **agendar um horário** randevu almak;

agendar um horário (com) (ile) randevusu olmak
agora şimdi
agosto ağustos
agradecer teşekkür etmek
água su
água mineral maden suyu
água não potável (bu su) içilmez
água potável içme suyu
aguarde um momento! *(no telefone)* hattan ayrılmayın!, hatta kalın!
albergue da juventude gençlik oteli, hostel
alcançar ulaşmak, varmak
álcool alkol
álcool cirúrgico cerrahi solüsyon
Alemanha Almanya
alérgico(a) alerjik
alfândega gümrük
alga marinha deniz yosunu
algo birşey; **algo mais** başka birşey
algodão pamuk
algodão hidrófilo pamuk ipi
alguém birisi
algum lugar biryer/biryerde
algum outro lugar başka biryer
algum(a) outro(a) başka bir
alguns, algumas bazı, birkaç; **algumas pessoas** bazı insanlar
ali ora
almoçar öğle yemeği yemek
almoço öğlen yemeği
alto(a) yüksek
alugar kiralamak; **para alugar** kiralık
aluguel kira

amanhã yarın; **amanhã à noite** yarın akşam; **amanhã de manhã** yarın sabah
amarelo sarı
ambos ikisi; **ambos de nós** ikimiz
ambulância ambulans
americano(a) Amerikalı
amigo arkadaş
amplo(a) geniş
anestésico anestezi
animal hayvan
aniversário doğum günü
aniversário, data comemorativa yıldönüm
ano yıl
Ano-Novo yeni yıl, yılbaşı
antecipadamente önceden
anteontem dünden önce
anterior önceki
antes önce
antibiótico antibiyotik
anticoncepcional gebelikten koruyucu
ao lado de yanında
ao ponto *(carne)* orta pişmiş et
ao redor çevre, etraf
apagar söndürmek
aparelho de barbear tıraş bıçağı
aparelho de som müzik seti
apenas sadece
apendicite apendisit
aperitivo quente sıcak meze
apertado(a) sıkı
após sonra
aprender öğrenmek
aproveitar hoşlanmak
aquecedor de água su ısıtıcısı
aquecimento ısıtma
aquele(a) şu; **aquele(a) ali** şunu, şuradaki

aqueles(as) şunlar; **aqueles(as) lá** şunları
aqui burası; **aqui está/estão** burada
ar hava
ar-condicionado klima
aranha örümcek
área alan; **na área** alanında
areia kum
armadilha para turistas turist tuzağı
armazenar depolamak, stoklamak
arremessar fırlatmak
arrumado(a) düzenli
arte sanat
artista sanatçı
às vezes bazen
asma astım
aspirina® aspirin
assar fırında pişirmek
assento koltuk, yer
assinar imzalamak
assistir izlemek, seyretmek
assunto, questão mesele
assustado(a) korkmuş; **estar assustado (com)** -den/dan/ten/tan korkmak
atacar saldırmak
atadura bandaj
ataque cardíaco kalp krizi
até amanhã! yarın görüşürüz!
até kadar
até breve! yakında görüşürüz!
até mais tarde! sonra görüşürüz!
atrás sırt, arka; **atrás de** sırtında, arkasında
atrasado(a) gecikmeli
atraso gecikme
através de karşı

atravessar geçmek; **atravessar a rua** karşıya geçmek
atualmente bugünlerde, şimdilerde
autoconfiança özgüven
avaliar fiyatlandırmak, paha biçmek
avançado(a) gelişmiş, ön, öncü
avançar, progredir ilerlemek
avenida cadde
avião uçak
avisar uyarmak
azul mavi

B

bagagem bagaj
bagagem de mão el bagajı
baixo(a) alçak
balsa feribot
banca de jornal gazete bayii
banco banka
band-aid® yara bantı
banheiro banyo
banho banyo; **tomar banho** banyo yapmak
banho de sol güneş banyosu yapmak
bar bar
barata *(inseto)* hamamböceği
barato(a) ucuz
barba sakal
barbeador elétrico elektrikli traş makinesi
barbear *(alguém)* tıraş etmek; *(a si próprio)* tıraş olmak
barco gemi
barraca çadır
barulhento(a) gürültülü
barulho gürültü; **fazer barulho** gürültü yapmak

bastante oldukça
bastão de esqui kayak çubuğu/sopası
bateria akü
batida, colisão vuruk, darbe
bêbado(a) içkili
bebê bebek
beber içmek; **sair para beber** içki içmeye gitmek
bebida *(não alcoólica)* içecek; **tomar uma bebida** bir şey içmek
bebida alcoólica içki
beira-mar deniz kenarı; **à beira-mar** deniz kenarında
Bélgica Belçika
bem ao lado hemen yanında
bem como yanısıra
bem iyi; **estou muito bem** çok iyiyim; **bem passada** *(carne)* çok pişmiş et
bem passado(a) *(carne)* çok fazla pişmiş
bem-vindo(a) hoş geldiniz
bens, mercadorias eşyalar, mallar
biblioteca kütüphane
bicicleta bisiklet
bilheteria, guichê bilet gişesi, gişe
binóculo dürbün
bloco de anotações not defteri
boa noite *(ao se despedir)* iyi geceler
boate gece kulübü
boca ağız
boia can simidi, şamandıra
bola top; **uma bola/duas bolas** *(de sorvete)* bir/iki top
bolha nasır
bolsa çanta
bolsa de mão el çantası

bom apetite! afiyet olsun!
bom, boa iyi; **bom dia** günaydın; **boa tarde** iyi günler; **boa noite** iyi akşamlar
bomba de ar *(para bicicleta)* bisiklet pompası
bombeiros itfaiye
bonde tramvay
bonito(a) güzel, hoş
bordo binmek
bota bot
botas de caminhada yürüyüş botları
botas de esqui kayak botu
braço kol
branco beyaz
bravo(a) sinirli
briga kavga
brincos küpe
brinquedo oyuncak
bronquite bronşit
bronzeado(a) bronzlaşmış
bronzear bronzlaşmak
bujão de gás tüp gaz
buscar alıp getirmek; **buscar alguém/algo** birisini/birşeyi alıp getirmek

C

cabeça baş, kafa
cabeleireiro kuaför
cabelo saç
cabide askı
cabine telefônica telefon kulübesi
cada her; **cada um** her biri
cadeado kilit
cadeira sandalye
cadeira de rodas tekerlekli sandalye

café kahve
café da manhã kahvaltı; **tomar café da manhã** kahvaltı etmek
café *espresso* espreso kahve, italyan kahvesi
café *espresso* com leite latte
café solúvel hazır kahve
cafeteria kafe
caiaque kayak
cair düşmek
cair bem uymak; **isto lhe cai bem?** sana uyar mı?
cais iskele, rıhtım
caixa de câmbio vites kutusu
caixa de correio posta kutusu
caixa eletrônico bankamatik
calça pantolon
calção de banho erkek mayosu
calcinha külot
calor sıcaklık
calorzinho: está fazendo um calorzinho (o) ılık
cama yatak
câmbio para değişimi
câmera digital dijital fotoğraf makinesi, dijital kamera
caminhada yürüyüş; **fazer caminhadas** yürüyüşe çıkmak/gitmek; **fazer uma caminhada** yürüyüşe çıkmak
caminhada em terreno íngreme tepe yürüyüşü; **fazer caminhadas em terreno íngreme** tepe yürüyüşüne çıkmak/gitmek
caminhão kamyon
caminhar yürümek
caminho yol
camisa gömlek
camisola gecelik

camping (atividade) kamp yapma; (local de acampamento) kamp alanı
campista, pessoa que acampa kampçı
campo, interior sayfiye, taşra
campo de esportes spor sahası
campo de golfe golf sahası
canal kanal
canção şarkı
cancelar iptal etmek
caneta tükenmez kalem
canhoto do ingresso bilet koçanı
cansado(a) yorgun
cantar şarkı söylemek
cantor şarkıcı
capa, cobertura kapak, örtü
capa de chuva yağmurluk
capacete kask, miğfer
capaz yapabilir; **ser capaz de** ebilmek/abilmek
carga şarj
carne et
caro(a) pahalı
carona otostop
carrinho de bebê bebek arabası
carrinho de criança çocuk arabası
carrinho de mão el arabası
carro araba
carta mektup
cartão kart
cartão de crédito kredi kartı
cartão de débito nakit kartı
cartão de telefone telefon kartı
cartão-postal kartpostal
carteira cüzdan
carteira de identidade kimlik kartı
carteira de motorista ehliyet

carteiro postacı
casa ev; **em casa** evde; **ir para casa** eve gitmek
casado(a) evli
caso: no caso de … … durumunda
caso contrário aksi halde, yoksa
castelo, fortaleza kale
catedral katedral
cavalo at
CD CD
cedo erken
cédula (de dinheiro) banknot
cego(a) kör
cemitério mezarlık
centímetro santimetre
centro merkez
centro da cidade şehir merkezi
centro de informações turísticas turizm bürosu
certamente tabii
certo, com certeza emin
céu gök, gökyüzü
chalé na montanha dağ kulubesi
chamada a cobrar ödemeli telefon görüşmesi
chamada, telefonema görüşme, telefon görüşmesi
chaminé baca
chão taban, yer; **no chão** yerde
chapelaria vestiyer
chapéu şapka
chapéu de sol güneş şapkası
charuto puro
chave anahtar
check-in, **registro de entrada** giriş
checkout, **registro de saída** ayrılış
chegada varış
chegar varmak

cheio(a) dolu; **cheio(a) de …** … le/la dolu
cheirar kokmak/koklamak; **cheirar bem/mal** güzel/kötü kokmak; **cheirar as flores** çiçekleri koklamak
cheiro koku
cheque çek
chinelos terlik
chocante şok edici
chocolate quente sıcak çikolata
chope fıçı bira
choque şok
chorar ağlamak
chover yağmur yağmak; **está chovendo** yağmur yağıyor
churrasco barbekü
chuva yağmur
ciclovia bisiklet yolu
cidade şehir
cidade velha eski şehir
cigarro sigara
cinema sinema
cinto de segurança emniyet kemeri
cintura bel
cinza gri
cinzeiro kül tablası
circo sirk
claro(a) açık; **azul-claro** açık mavi
classe econômica ekonomi sınıfı
clima iklim
clínico geral aile hekimi, doktor, pratisyen hekim
cobertor battaniye
cobertura impermeável para o chão (para barraca de camping) su geçirmez yer örtüsü
cobrar fiyat istemek
cobrir kapatmak, örtmek

Coca-cola® kola
coçar kaşıntılı; **coça** kaşınıyor
código da porta kapı kodu
código de discagem, código de área alan kodu
código de endereçamento postal (CEP) posta kodu
coisa eşya, şey; **coisas, mercadorias** eşyalar, şeyler
colchão döşek, yatak
coleção toplamak, koleksiyon
colher *(subst)* kaşık
colher de chá çay kaşığı
colher de sopa yemek kaşığı
colina tepe
colônia de férias tatil köyü
com beraber, birlikte, ile
combinar anlaşmak; **combinar um encontro** randevulaşmak
começar başlamak
começo başlangıç; **no começo** başlangıçta
comer yemek
comida yemek
como gibi, nasıl; **como vai você?** nasılsın?
como? como disse? pardon?
como se escreve isto? (onu) nasıl heceliyorsunuz?
companhia aérea hava yolu
compartimento kompartman
comprar satın almak
compras alışveriş; **fazer compras** biraz alışveriş yapmak/alışveriş yapmak
comprido(a) uzun
comprimido hap, tablet
comprometido(a) nişanlı
computador bilgisayar
concerto konser

conexão aktarma, bağlantı
confiante güvenli
confirmar onaylamak
confortável rahat
congestionamento trafik sıkışıklığı
conseguir fazer algo birşeyi becermek
conselho tavsiye; **pedir conselho a alguém** tavsiye istemek
consertar onarmak, tamir etmek; **mandar consertar algo** onartmak, tamir ettirmek
constipado, com prisão de ventre kabız
construir inşa etmek
consulado konsolosluk
conta hesap, fatura
contagioso bulaşıcı
contar, fazer conta saymak
contato kontakt, bağlantı; **entrar em contato** bağlantı kurmak
contra karşı
convidar davet
copo bardak; **um copo de água/vinho** bir bardak su/şarap
cor renk
coração kalp
corpo vücut
correio aéreo uçak postası
correspondência posta
correto(a) doğru
corrida, *jogging* yavaş koşu
cortar kesmek; **cortar-se** kendini kesmek
costela kaburga
coxa uyluk
cozido(a) pişmiş
cozinha mutfak
cozinhar yemek yapmak

cozinheiro aşçı
creme de barbear tıraş kremi
creme pós-sol güneş sonrası kremi
crescer büyümek
criança çocuk
cru(a) çiğ
crustáceo kabuklu deniz hayvanı
cruzamento çapraz, kesişen
cruzeiro gemi yolculuğu
cubo de gelo buz küpü
cuidado! dikkat!
cuidar de önemsemek
culinária, cozinha yemek pişirme
curto-circuito kestirme yol
custar tutmak
cybercafé internet kafe

D

dança dans
dançar dans etmek
danificado(a) zarar görmüş
dar vermek
dar um mergulho yüzmeye gitmek
dar um passeio de carro arabayla gezmeye çıkmak
data tarih
data de nascimento doğum tarihi
data de validade son kullanma tarihi
datar (de) tarihinde (tarihinden)
de -(n)ın; … den/dan/ten/tan; **de … a …** … den/dan/ten/tan … e/a/ye/ya
de, com, por ile
de baixa caloria az yağlı
de carro arabayla
de modo que diye
de nada bir şey değil
de preferência tercihen
de qualquer modo herneyse
de quem kimin
de segunda mão ikinci el
de vez em quando zaman zaman
declarar beyan etmek, bildirmek
decolar havalanmak
dedo parmak
defeito, falha defo, kusur
deficiente engelli
deixar, permitir izin vermek
dele onun
delegacia de polícia karakol
deles, delas onların
demais çok fazla
dente diş
dentista dişçi
dentro içinde
departamento bölüm
depender bağlı olmak; **isto depende (de …)** (… -e/a/ye/ya) bağlı
depois sonra
depois de amanhã yarından sonra
depósito depozit, kapora
derrubar devirmek
desastre felaket
descansar dinlenmek
descartável kullanılıp atılabilir
descascar soymak
desconfortável rahatsız
desconto indirim; **dar um desconto a alguém** indirim yapmak
desculpa bahane, mazeret, özür
desculpar-se özür dilemek; **desculpe-me** affedersiniz, özür dilerim

desculpe! özür dilerim!
desde -den/dan/ten/tan beri
desenvolver geliştirmek
desinfetar dezenfekte
desligar kapatmak
desmaiar bayılmak
desodorante deodorant
desperdiçar, gastar atık
despertador çalar saat
detergente líquido bulaşık deterjanı
deteriorar bozmak
dever (dinheiro) borcu olmak
dever (probabilidade, obrigação)**: devem ser 5h** saat beş olmalı; **devo ir embora** gitmek zorundayım
devolver geri vermek
dezembro Aralık
dia gün
diabetes şeker hastalığı
diarreia ishal; **ter uma diarreia** ishal olmak
dieta rejim; **estar de dieta** rejim yapmak
diferença de horário zaman farkı
diferente (de ...) (... -den/dan/ten/tan) farklı
difícil sert, zor
dificuldade dert/zorluk; **ter dificuldade para fazer algo** birşeyi yapmakta zorlanmak
digitar bilgisayarda yazmak, daktilo etmek
dinheiro para; (vivo) nakit; **pagar em dinheiro** nakit ödemek
direção yön; **ter um bom-senso de direção** yön duyusu kuvvetli olmak

direita sağ; **à direita (de)** sağına doğru
direito hak; **ter direito a ...** ... -e/a/ye/ya hakkı olmak
dirigir, administrar yönetmek, yön vermek
dirigir, guiar araba kullanmak
discoteca disko
disponível müsait
distante uzak
DIU (dispositivo anticoncepcional) sipiral
divertir-se güzel vakit geçirmek
dividir paylaşmak
dizer demek/söylemek; **como se diz ...?** nasıl diyorsunuz ...?
doce (adj) şekerli, tatlı; (subst) şeker
documentos de identidade kimlik belgeleri
doença hastalık
doente hasta
doer acı; **dói** acıyor; **minha cabeça está doendo** başım/kafam acıyor
domingo pazar
dor ağrıyan; **ter dor de garganta** boğazım ağrıyor; **ter dor de cabeça** başım ağrıyor
dor de cabeça başağrısı; **estar com dor de cabeça** başı ağrımak
dormir uyumak; **dormir com** birisiyle yatmak
drogas uyuşturucu
duas vezes iki kez/sefer
ducha, chuveiro duş; **tomar uma ducha** duş almak
durante boyunca, süresince; **durante a semana** hafta

boyunca, hafta içinde, hafta süresince
durar, demorar sürmek
durar: isto dura duas horas bu iki saat sürer

E

e ve
e-*mail*, correio eletrônico elektronik posta, email
economizar biriktirmek
ela o
ele o
ele mesmo kendisi
eles onlar; **eles dizem que …** … diyorlar
eletricidade elektrik
elétrico(a) elektrikli
elevador asansör
em -de/da/te/ta; içinde; **na Inglaterra/em 2006** İngiltere'de/ikibin birde (2006'da); **no século XIX** on dokuzuncu yüzyılda (19'uncu yüzyılda); **em uma hora** bir saat içinde
em cima üzerinde
em frente de karşısında
em lugar yerine; **em lugar de** *(subst)*-(subst)ın yerine
em meados de ortasında
embaixada elçilik
embaixo altında
embaixo de, sob aşağısı
embarque biniş
embora *(conj)* rağmen
embreagem debriyaj
emergência acil durum; **em caso de emergência** acil durumda, acil durum halinde

empacotado(a) tıka basa dolu
emperrado(a) sıkışmış
emprego, trabalho iş, meslek
empresa şirket
emprestar ödünç vermek
empurrar ittirmek
encanador su tesisatçısı
encher doldurmak
encontrar, localizar bulmak
encontrar-se com *(alguém)* buluşmak
encontro toplantı
endereço adres
endereço de correio eletrônico, endereço de e-*mail* elektronik posta adresi, email adresi
enfermeira hemşire
engano yanlış; **cometer um engano** yanlış yapmak
enguiçar arızalanmak, bozulmak
enjoo deniz tutması; **estar com enjoo** deniz tutmuş olmak
enquanto iken
entender anlamak
entrada giriş
entrar içeri girmek
entre, dentre arasında
envelope zarf
enviar göndermek
epilético(a) saralı
equipamento donatım, malzeme
equipe takım
errado(a) yanlış
escada merdiven
escalada dağcılık
escapamento egzos borusu
escocês, escocesa İskoçyalı
Escócia İskoçya
escola secundária lise

escorregador kaydırak
escova de dentes diş fırçası
escovar fırçalamak
escrever yazmak
escuro(a) karanlık; **azul-escuro** koyu mavi
escutar dinlemek
esgotado(a) stoku tükenmiş
Espanha İspanya
especial özel, spesiyal
especialidade özellik, spesiyalite
especialidade do dia bugünün spesiyali
espelho ayna
esperar beklemek; **esperar por alguém/alguma coisa** birisini/birşeyi beklemek
esponja sünger
esporte spor
esportivo(a) sportif
esposa karı
espuma de barbear tıraş köpüğü
esquerda sol; **à esquerda (de)** soluna doğru
esqui kayak
esqui aquático su kayağı
esquiação kayak yapma; **praticar esquiação** kayağa çıkmak/gitmek
está passando no(a) … saat … -de/da/te/ta yayınlanacak
estaca *(para prender barraca)* çadır kazığı
estação istasyon
estação de esqui kayak merkezi
estação de metrô metro istasyonu
estação de rádio radyo istasyonu
estação ferroviária tren istasyonu
estacionamento otopark
estacionar park etmek

estadia kalış
estádio stadyum
estado durum, hal
Estados Unidos Amerika Birleşik Devletleri
estar acostumado com alışkın olmak **estou acostumado com** (ben) alışkınım
estar enjoado midesi bulanmak
estar farto bıkmak; **estar farto (de …)** (… den/dan/ten/tan) bıkmak
estar prestes a fazer algo yapmak üzere
estepe istepne
estes, estas bunlar; **estes aqui, estas aqui** bunları
estilo stil, tarz
estômago mide
estrada yol
estrangeiro(a) *(adj, subst)* yabancı
estranho(a) garip, tuhaf
estudante öğrenci
estudar çalışmak; **estudar biologia** biyoluji okumak
estudos çalışmalar
estupro tecavüz
eu ben; **(eu) sou inglês/inglesa** (ben) İngiliz'im; **(eu) tenho 22 anos de idade** (ben) yirmi iki yaşındayım
eu mesmo(a) kendim
eu também ben de
eurocheque Avra çeki
Europa Avrupa
europeu, europeia Avrupalı
exaurir yormak
excepcional istisnai
excessivamente, muito fazla

excesso de peso kilolu
exceto hariç
experimentar *(alimento)* tatmak; *(roupa)* denemek
explodir patlamak
explosão patlama
exposição sergi
expressão ifade
expresso(a), rápido(a) ekspres, süratli
exterior: no exterior yurtdışı
extra ekstra, fazladan

F

faca bıçak
fácil kolay
falar konuşmak
faltar *(dinheiro)* parası az olmak
faltar: estão faltando dois/duas ... iki tane ... eksik
família aile
famoso(a) ünlü
farmácia eczane
farmácia de plantão nöbetçi eczane
farol far *(construção junto ao mar)* deniz feneri
farol vermelho kırmızı ışık
fatia dilim
fatiado(a) dilimli
fato gerçek; **de fato** gerçekten
favor iyilik; **fazer um favor a alguém** birisine iyilik yapmak
favorito en sevilen
fax faks
fazer yapmak
fazer a comida yemeği yapmak
fazer *check-in* giriş yapmak
fazer *checkout* ayrılmak
fazer lembrar hatırlatmak
fazer mala paketlemek; **fazer a mala de alguém** bavulunu/ valizini yapmak
fazer uma pergunta soru sormak
fazer xixi işemek
febre ateş; **estar com febre** ateşi olmak
febre do feno saman nezlesi
fechado(a) kapalı
fechar kapatmak
feira fuar
feito à mão el yapımı
feliz mutlu
feriado nacional ulusal tatil
feriado público kamu tatili, resmi tatil
férias tatil(ler); **de férias** tatilde
ferida, ferimento yara
ferido(a) yaralı
ferro de passar ütü
festa eğlenti, parti
festival festival
fevereiro şubat
ficar kalmak; **ficar em contato** bağlantıda kalmak; **ficar fora do ar** gözü kararmak, şuurunu kaybetmek
fígado ciğer
fila sıra; **fazer fila** sıraya girmek
filha kız (evlat)
filme filim
fim, final son
fim de semana hafta sonu
final son; **no final de** sonunda; **no final da rua** sokağın sonunda
finalmente en sonunda
fita adesiva, durex® bant, selobant
flash flaş

floresta orman
fogão de acampamento kamp ocağı
fogo ateş; **fogo!** yangın!
fogos de artifício havai fişek
folha çarşaf
fome açlık; **com fome** aç; **estar com fome** aç olmak
fora de moda tarihi geçmiş
fora de serviço, em manutenção bozuk
fora, do lado de fora dışarısı
forma biçim
formiga karınca
forno fırın
forno de micro-ondas mikrodalga
forte güçlü, kuvvetli
fósforo kibrit
fotografia fotoğraf; **tirar uma fotografia (de)** fotoğraf çekmek; **tirar uma fotografia de alguém** birisinin fotoğrafını çekmek
fraco(a) güçsüz, zayıf
frágil kırılgan, kırılır
fralda bebek bezi
França Fransa
frase cümle
fratura kırık
frear fren yapmak
freezer buzluk, dondurucu
freio fren
freio de mão el freni
frente ön; **em frente a** önünde
frequentemente sık sık
fresco(a) serin
frigideira kızartma tavası
frio(a) soğuk; **está frio** hava soğuk; **estou com frio** üşüdüm
fritar kızartmak
frito(a) kızarmış
fronha yastık kılıfı
frutos do mar deniz ürünü
fumante sigara tiryakisi
fumar sigara içmek
fusível sigorta
futebol futbol

G

galeria galeri
galês(a) Galli
garagem garaj
garantia garanti
garçom garson
garçonete garson
garfo çatal
garganta boğaz
garota kız
garrafa şişe
garrafa térmica termos
gás gaz
gaseificado(a) gazlı
gasolina benzin
gastar harcamak
gastroenterite gastrit, mide iltihabı, mide nezlesi
gaze tül, tülbent
gel de banho duş jeli
geladeira buzdolabı
gelo buz
geral genel
geralmente genellikle
gesso alçı
ginecologista jinekolog
golfe golf
gordo(a) şişman
gorjeta bahşiş

gostar beğenmek, hoşlanmak; **eu gostaria de ...** ... istiyorum
gotas damla
graças a sayesinde
grama *(peso)* gram; *(relva)* çim, çimen
grande büyük
grande quantidade de oldukça çok
grau *(temperatura)* derece
gravata kravat
grave, sério ciddi
grávida hamile
Grécia Yunanistan
gripe nezle
guarda-chuva şemsiye
guarda-sol güneş şemsiyesi, güneşlik
guarda-volumes *(seção)* emanet
guardanapo peçete
guia *(pessoa)* rehber; *(livro)* rehber kitabı
guia de programação, guia de eventos program rehberi

H

há var
haste de algodão, cotonete® kulak pamuğu
hemorroidas basur
hidratante nemlendirici
hoje à noite bugece
hoje bugün
Holanda Hollanda
homem adam
homossexual eşcinsel
honesto(a) dürüst
hora saat; **uma hora** saat bir; **uma hora e meia** bir buçuk saat; **três horas** saat üç; **três/quatro horas** üç/dört kere
horário de fechamento kapanış saati
horário local yerel zaman
hospedagem konaklama
hospedaria misafir evi
hóspede misafir
hospital hastane
hotel otel
humor ruh hali; **estar de bom/mau humor** keyfi yerinde/keyfi kötü olmak

I

idade yaş
igreja kilise
ilha ada
imediatamente hemen şimdi
importante önemli
imposto vergi
inchado(a) şiş
incluído dahil
independente bağımsız
indicador gösterge
infecção enfeksiyon, mikroplanma
inferior alt, dip; **na parte inferior** altta, dipte; **na parte inferior de** altında, dibinde
informação bilgi
Inglaterra İngiltere
inglês(esa) İngiliz
ingresso giriş
ingresso com desconto indirimli bilet
injeção enjeksiyon, iğne
inseticida böcek ilacı
inseto böcek

insolação güneş çarpması; **pegar uma insolação** güneş çarpmasına uğramak
insônia uykusuzluk
inteiro, todo bütün; **o bolo todo** bütün keki
internacional uluslararası
internet internet
intoxicação alimentar besin zehirlenmesi
inútil faydasız, yararsız
inverno kış
ir gitmek; **ir para Izmir/Capadócia** İzmir'e/Kapadokya'ya gitmek; **iremos para casa amanhã** yarın eve dönüyoruz
ir embora başından gitmek; **vá embora!** git başımdan!
Irlanda İrlanda
irlandês(esa) İrlandalı
irmã kız kardeş
irmão erkek kardeş
isento(a) de impostos gümrüksüz
isqueiro çakmak
isto, este, esta bu; **isto aqui** bunu, buradaki; **esta noite** bu akşam; **isto é** budur
Itália İtalya
item adet, parça
itinerário do ônibus otobüs güzergahı
IVA *(imposto do valor agregado)* KDV (katma değer vergisi)

J

já hemen
janeiro ocak
janela pencere; **na janela** pencerede
jantar *(subst)* akşam yemeği; *(v)* akşam yemeği yemek
jaqueta ceket
jardim bahçe
jardim botânico botanik bahçesi
jarra sürahi
jet lag uçak yorgunluğu
joalheria kuyumcu
joelho diz
jogar oynamak
jogar fora dışarı atmak
jogo oyun
joias mücevher
jornal gazete
jornalista gazeteci
jovem genç
julho temmuz
junho haziran
junto birlikte
justo(a) haklı

L

lá orada
lã yün
lábio dudak
lado yan
ladrão hırsız
lago göl
lâmina de barbear jilet
lâmpada ampul
lanche hafif yemek
lanterna el feneri
lap top diz üstü bilgisayar
lápis kurşun kalem
laranja portakal
lasca kıymık
lastimar, sentir muito üzgün olmak
lata konserve kutusu

lata de lixo çöp kovası
lavagem yıkama; **lavagem da roupa** çamaşır yıkama
lavanderia çamaşırhane
lavar yıkamak; **lavar os cabelos** saçını yıkamak; **lavar a roupa** çamaşır yıkamak
lavar-se yıkanmak
legendado(a) altyazılı
lembrar hatırlamak
lenço mendil
lentamente yavaş yavaş
lente lens
lentes lensler
lentes de aumento zum
lentes de contato kontakt lens
lento(a) yavaş
ler okumak
leste doğu; **no leste** doğuda; **(a) leste de** (doğusuna doğru) doğusu
levantar-se kalkmak
levar sürmek
levar em consideração gözetmek
leve hafif
ligar *(aparelho)* fişe takmak
ligar, acender yakmak
limpar temizlemek
limpo(a) temiz
língua *(idioma)* dil; *(órgão)* dil
linha çizgi
linha de metrô metro hattı
liquidação indirim
lira lira
lista telefônica telefon rehberi
litoral, beira-mar kıyı, sahil
litro litre
livraria kitapçı
livre özgür
livro kitap

lixeira çöp bidonu
lixo çöp; **levar o lixo para fora** çöpü (dışarı) çıkarmak
local nokta
logo yakında
loja dükkan, mağaza
loja de alimentos mezeci ve şarküteri dükkanı
loja de departamentos büyük mağaza
lojista dükkancı, mağazacı
longe uzak; **longe de ...** ... den/dan/ten/tan uzak
longo(a) uzun
lotado(a) kalabalık
louça bulaşıklar; **lavar a louça** bulaşıkları yıkamak
lua ay
lua de mel balayı
lugar yer
luminária lamba
Luxemburgo Lüksemburg
luxo lüks
luxuoso(a) lüks
luz ışık

M

madeira tahta
maduro(a) olgun
mãe anne
magro(a) zayıf
maio mayıs
maioria en çok; **a maioria** en; **a maioria das pessoas** çoğu insan
mais daha fazla; **mais do que** -den/dan (daha) fazla; **muito mais** çok daha fazla; **não há mais ...** ... daha yok

mala bavul, valiz
malpassado(a) *(carne)* az pişmiş et
mamadeira biberon
mancha leke
manga (de roupa) kol
manga curta: de manga curta kısa kollu
manhã sabah
mansão villa
manter, guardar, armazenar saklamak
mão el
mapa harita
máquina de lavar louça bulaşık makinesi
máquina de lavar roupa çamaşır makinesi
máquina fotográfica fotoğraf makinesi, kamera
mar deniz
maravilhoso(a) harika
marcha à ré geri vites
março mart
maré alta yüksek dalga
maré baixa alçak dalga
marido koca
marina yat limanı
marrom kahverengi
mas ama, fakat
matar öldürmek
material malzeme
me, comigo bana, beni
mecanismo mekanizma, parça
medicamento ilaç
médico doktor
medidor sayaç
medidor de eletricidade elektrik sayacı
médio(a) orta

medroso(a) ürkek
meia-calça kadın çorabı
meia-noite gece yarısı
meias çorap
meio(a) yarım; **meio litro/quilo** yarım litre/kilo; **meia hora** yarım saat; **meia pensão** yarım pansiyon
meio-dia gün ortası, öğlen
melhor daha iyi; **o melhor** en iyisi; **é melhor para …** … mek daha iyi olur
melhorar daha iyileşmek
membro üye
menos daha az; **menos do que** *(subst)*-den/dan daha az
mensagem mesaj
menstruação adet, aybaşı
menu menü
mercado market
mercearia bakkal
mergulhar dalmak
mergulho dalgıçlık; **praticar mergulho** dalmaya gitmek
mês ay
mesa masa
mesmo aynı; **o mesmo** aynısı
mesquita cami
metro metre
metrô metro
meu(s), minha(s) benim
minha mala está excedendo o peso bavulum/valizim fazla kilolu
mínimo en az; **o mínimo** en azı; **no mínimo** en azından
minuto dakika; **no último minuto** son anda
missa, culto religioso ayin
mobilete mopet
mochila sırt çantası

moderno(a) çağdaş, modern
moeda madeni para
moeda corrente nakit para
moinho değirmen
molhado(a) ıslak
molho, tempero sos, terbiye
momento an; **no momento** şimdi, şu anda
monastério manastır
montanha dağ
monumento anıt
morar canlı
morder ısırmak
mordida ısırık
morno(a) ılık
morrer ölmek
morto(a) ölü
mosca sinek
mosquito sivrisinek
mostrar göstermek
motocicleta motorsiklet
motor motor
mountain bike dağ bisikleti
mouse, **rato** fare
muito çok
muito ruim çok fena
muitos(as) çok sayıda
mulher kadın
mundo dünya
músculo kas
museu müze
música müzik

N

na hora zamanında
nada hiçbirşey, hiç
nadar yüzmek
namorada kız arkadaş

não hayır, değil; **não, obrigado(a)** hayır, teşekkür ederim; **não tenho ideia** hiç fikrim yok; **ainda não** henüz değil
não fumante sigara içmeyen
não importa, não tem problema farketmez
não me importo bence farketmez
nariz burun
nascer do sol gün doğuşu
natação yüzme
natureza doğa
necessaire tuvalet torbası
necessário(a) gerekli
nem hiç biri; **nem eu** ben de; **nem … nem …** ne … ne …
nenhum hiç
nenhum lugar hiçbiryer
nevar kar yağmak
neve kar
ninguém hiç kimse
noite akşam; **à noite** akşamleyin
noite, madrugada gece
noivo(a) nişanlı
nome ad, isim; **meu nome é …** (benim) adım/ismim …
nome, prenome ad, isim
nome de solteira kızlık soyadı
norte kuzey; **no norte** kuzeyde; **(ao) norte de** (kuzeyine dogru) kuzeyi
nós biz
nosso(a) bizim
nota, anotação not
notícias haber
novamente tekrar
novembro kasım
novo(a) yeni
nu(a) çıplak
número numara

número de registro kayıt numarası
número de telefone telefone numarası
nunca asla

O

o dia todo bütün gün
o meu, a minha benimki
o que ne; o que você quer? ne istiyorsun?
o tempo todo her zaman
o.k. peki, tamam
o(a) deles/delas onlarınki
o(a) nosso(a) bizimki
o(s) teu(s), a(s) tua(s), o(s) seu(s), a(s) sua(s) seninki
obra de arte sanat ürünü
obrigado(a) teşekkür ederim, teşekkürler; **muito obrigado(a)** çok teşekkür ederim
obrigatório(a) zorunlu
obturação dolgu
óbvio aşikâr, belli
oceano okyanus
oculista gözlükçü
óculos gözlük
óculos de sol güneş gözlüğü
ocupado(a) meşgul
odiar nefret etmek
oeste batı; **no oeste** batıda; **(a) oeste de** batısı (batısına doğru)
oferecer öneri, teklif
oi! selam!
olá merhaba
óleo yağ
óleo *diesel* dizel
olhar bakmak
olho göz

ombro omuz
onda dalga
onde nere/nerede; **onde fica/ficam …?** … nerede?; **de onde você é?** nerelisiniz ?; **para onde você vai?** nereye gidiyorsunuz?
ônibus otobüs
ônibus circular, *shuttle* düzenli sefer yapan otobüs/tren/minübüs
ônibus de viagem/turismo şehirlerarası otobüs
ontem dün; **ontem à noite** dün akşam
operação, cirurgia ameliyat; **fazer uma operação** ameliyat olmak
opinião fikir, görüş; **na minha opinião** bence, benim fikrime/görüşüme göre
oportunidade fırsat, imkan, olanak
oposição, contradição zıt
orgânico(a), bio canlı, organik
organizar düzenlemek, organize etmek
orgulhoso(a) (de) (-le/la) gurur duymak
orquestra orkestra
ou veya, ya da
outono sonbahar
outro(a) başka, diğer; **outros(as)** başkaları, diğerleri
outubro ekim
ouvido kulak
ouvir duymak

P

paciente hasta
pacote paket
pacote de férias paket tatil

pacote de presente hediye paketi
padaria fırıncı
pagar ödemek
pai baba
pais anne baba, ebeveyn
país ülke
país de Gales Galler
paisagem peyzaj
palácio saray
panela tencere
panfleto el ilanı
pano de prato mutfak havlusu
pão ekmek
papel higiênico tuvalet kağıdı
papel kağıt; **guardanapo de papel** kağıt peçete; **lenço de papel** kağıt mendil
papel para enrolar cigarro sigara kağıdı
papel-alumínio aliminyum folyo
par çift
para alugar kiralık
para-brisa ön cam
para-choque tampon, çamurluk
para, em direção a -e/a/ye/ya doğru
parada, ponto durak
parado(a) durgun
parar durmak
parecer görünmek; **parece que …** … gibi görünüyor
parecer, assemelhar-se gibi görünmek
parecer, ter o aspecto de görünmek; **parecer cansado** yorgun görünmek
parque park
parque de diversões lunapark

parte kısım/parça; **ser parte de** içinde olmak, katılmak, parçası olmak
particular özel
partida ayrılış, kalkış, gidiş
partida, jogo maç
partir ayrılmak
Páscoa paskalya
passado, decorrido geçmiş; **quinze passado das dez** onu çeyrek geçe
passageiro yolcu
passagem (só de ida) tek yön bilet
passagem, bilhete bilet
passagem de ida e volta gidiş dönüş bilet
passaporte pasaport
passar geçmek
passar a ferro ütü yapmak
passe paso
passo adım
pasta de dentes diş macunu
patins paten
pato ördek
pé ayak
peça de reposição fazla kısım, fazla parça
pedaço parça; **um pedaço de** bir parça; **um pedaço de fruta** bir parka meyve
pedágio gişe
pedestre yaya
pedido düzen
pedir istemek
pedir emprestado ödünç almak
pedra taş
pegar yakalamak
pegar carona otostop yapmak
peito göğüs
peixaria balık dükkanı

peixe balık
pele cilt, deri
pena yazık; **é uma pena** ne yazık
pendurar asmak
pensão completa tam pansiyon
pensar düşünmek; **pensar sobre** hakkında düşünmek
pente tarak
pequeno(a) küçük
perder kaybetmek; **perder-se** kaybolmak
perder, deixar passar kaçırmak; **perdemos o trem** treni kaçırdık
perfeito(a) mükemmel
perfume parfüm
pergunta, questão soru
perguntar sormak
perigoso(a) tehlikeli
perna bacak
perturbar rahatsız etmek; **não perturbe** rahatsız etmeyiniz
pesado(a) ağır
pescoço boyun
pessoa insan
pessoa de idade yaşlı insanlar
pessoas insanlar
pia (de banheiro) lavabo
picada sokuk
picante acı
picar sokmak; **ser picado(a) (por)** (tarafından) sokulmak
pico zirve
pijama pijamalar
pilha pil
pílula do dia seguinte cinsel ilişki sonrası doğum kontrol hapı
pílula hap; **tomar pílula anticoncepcional** doğum control hapı kullanmak
pílula para dormir uyku hapı

pintura tablo
pior daha kötü; **é pior (do que)** (–den/dan) daha kötü
piorar daha kötülemek
piquenique piknik; **fazer um piquenique** piknik yapmak
piscina havuz, yüzme havuzu
placa de trânsito yol işareti
planície düzlük
plano (subst) plan
plano(a) düz
planta bitki
plástico (subst) pilastik
plataforma peron, platfrom
pneu lastik
pneu furado patlak lastik
pó pudra
pobre fakir
pode chover yağmur yağabilir
poder (v) (v)-ebilmek/abilmek; **eu posso** (v)-ebilirim/abilirim; **eu posso vir** gelebilirim; **eu não posso** (v)-emem/amam; **eu não posso vir** gelemem
polícia polis
policial polis
pomada merhem
ponte köprü
ponto uç
ponto de ônibus otobüs durağı
ponto de referência referans noktası
por için; **por uma hora** bir saat için
pôr koymak
por causa de sebebiyle, yüzünden
por causa disso bu yüzden
por cento yüzde
pôr do sol gün batışı

pôr em funcionamento çalıştırmak
por favor memnun etmek
por muito tempo uzun zaman
por precaução ne olur ne olmaz
por quê? ne için?
porque çünkü
porta kapı
porta-malas bagaj
portanto böylece
portão de embarque kapı
porto liman
Portugal Portekiz
português(esa) Portekizli
possível mümkün, olası
possuir sahip olmak
posta-restante postrestrant
postar postalamak
pôster poster
posto de gasolina benzin istasyonu
pouco az
pouco antes az evvel
praça meydan
praia kumsal, plaj
prancha de surfe sörf tahtası
prata gümüş
prateado(a) gümüş kaplama
prático(a) pratik
prato *(objeto)* tabak;
prato *(refeição)* yemek; **prato do dia** günün yemeği; **prato principal** ana yemek
prazer memnuniyet, zevk
prazer em conhecê-lo(a)! memnun oldum!
precisar ihtiyaç
preço fiyat
preço cheio, "inteira" tam bilet, tam ücreti

preço da passagem, tarifa bilet ücreti, yol parası
prédio gökdelen
prédio, construção bina
preencher doldurmak
prefeitura belediye
preferir tercih etmek
preparar hazırlamak
presente hediye
preservativo prezervatif
pressa acele; **estar com pressa** acele etmek, acelesi olmak; **você está com pressa?** acelen mi var?
pressão basınç
pressão alta yüksek tansiyon
pressão arterial kan basıncı
pressão baixa düşük tansiyon
pressionar bastırmak
pretender niyeti olmak; **estou pretendendo** niyetim var
preto siyah
previsão do tempo hava durumu
primavera ilkbahar
primeiro(a) birinci; **primeiro (de todos)** öncelikle
primeira classe birinci sınıf
primeiro andar birinci kat
principal ana
principiante yeni başlayan
problema problem, sorun
problema mecânico arıza, bozulma
procissão geçit töreni, tören alayı
procurar aramak
produto ürün
produtos de higiene tuvalet takımı
profissão meslek
profundo(a) derin

programa program
proibido(a) yasak
prometer söz vermek
pronto(a) hazır
propósito amaç; **de propósito** bile bile
proposta teklif etmek
proprietário sahip
próprio(a) kendi, öz; **meu próprio carro** kendi arabam
prospecto broşür
proteger korumak
protetor solar güneş kremi
provador deneme odası
provavelmente belki, olasılıkla
próximo, perto yakında; **próximo à praia** kumsala yakın; **o mais próximo ...** en yakın ...
próximo, seguinte bir sonraki
público(a) kamuya ait
pulmão akciğer
pulôver kazak
punho kol
puxar çekmek

Q

quadra de tênis tenis kortu
quadril kalça
qualidade kalite; **de boa/má qualidade** iyi/kötü kalite
quando ne zaman
quanto é? ne kadar?; **quanto custa?** kaç para?
quanto tempo ...? ne kadar zaman ...?
quantos anos você tem? kaç yaşındasın?
quantos(as)? kaç tane?; **quantas vezes ...?** kaç kere ...?

quarta parte, quarto çeyrek; **um quarto de hora, quinze minutos** çeyrek saat; **um quarto para as dez** ona çeyrek
quarta-feira çarşamba
quarto *(subst)* oda
quartos vagos/disponíveis boş oda var
quase neredeyse
que horas são? saat kaç?
que, qual hangi
quebrado kırık
quebrar kırmak; **quebrar a perna** bacağını kırmak
queimadura yanık
queimadura de sol güneşte yanmış; **ter uma queimadura de sol** güneşte yanmak
queimar yakmak; **queimar-se** kendini yakmak
queixo çene
quem kim; **quem está falando?** kim arıyor?
quente sıcak; **está quente** (hava) sıcak; **bebida quente** sıcak içecek
querer istemek; **querer algo** bir şey istemek
querido(a) değerli, kıymetli
quilômetro kilometre
quinta-feira perşembe

R

racista ırkçı
radiador radyatör
rádio radyo
radiografia röntgen
rapidamente çabucak
rápido(a) hızlı

rápido, logo çabuk
rápido!, apresse-se! acele et!
raquete raket
raramente nadiren, seyrek olarak
raro(a) nadir, seyrek
razoável makul, uygun
reabrir tekrar açmak
receber almak
receber uma ligação telefonla aranmak
receita tarif
recepção resepsiyon; **na recepção** resepsiyonda
recepcionista resepsiyonist
recibo, nota fiscal fatura, fiş
reclamar şikayet etmek
recomendar teklif etmek
reconhecer tanımak
recusar reddetmek
redondo(a) yuvarlak
reduzir azaltmak, indirmek
reembolsar geri vermek
reembolso geri ödeme; **obter um reembolso** parayı geri almak
refeição yemek
registrado kayıtlı
registro, válvula vana
Reino Unido Birleşik Krallık
relatar, dizer anlatmak
relógio saat
remessa internacional de dinheiro uluslararası para havalesi
remetente gönderen
remover kaldırmak
repetir tekrarlamak
reservado(a) rezervasyonlu
reservar ayırtmak, yer ayırtmak
resort **no litoral** kıyısıda resort
responder yanıt vermek

resposta yanıt
ressaca akşamdan kalmalık
restaurante restoran
restaurante de comida rápida, *fast-food* fast-food salonu, hızlı yemek salonu
resto: o resto geri kalanı/gerisi
retirar çekilmek
reto, direto, em frente dosdoğru ileride
retornar a ligação geri aramak
retorno u dönüşü
retrato portre
reumatismo romatizma
revelar um filme filim tab ettirmek
revista dergi, magazin
rim böbrek
rio nehir
rir gülmek
risco risk
rocha kaya
roda tekerlek
roda sobressalente istepne
rodovia otoyol
rodoviária, terminal de ônibus otogar
romance roman
rosa pembe
rosto yüz
rotatória kavşak
roubar çalmak
roubo hırsızlık
roubo: isto é um roubo çok pahalı
roupa de banho feminina kadın mayosu
roupa de mergulho dalgıç elbisesi
roupa íntima iç çamaşırı

roupas giysi
roxo mor
rua sokak
ruidoso(a) yüksek sesli
ruim kötü, fena; **não é ruim** fena değil
ruínas kalıntılar; **em ruínas** kalıntılar içinde
ruivo(a) kızıl

S

sábado cumartesi
sabão sabun
sabão em pó çamaşır deterjanı
saber bilmek; **eu não sei** bilmiyorum
sabor tat
saca-rolhas tirbüşon
sacerdote não muçulmano papaz
saco de dormir uyku tulumu
sacola plástica naylon torba
saia etek
saída çıkış; **saída de emergência** acil durum çıkışı
sair dışarı çıkmak
sal tuz
sala de concertos konser salonu
sala de estar oturma odası
salgado(a) tuzlanmış, tuzlu
sandálias sandalet
sangrar kanamak
sangue kan
sanitário feminino bayanlar tuvaleti
sanitário masculino erkek tuvaleti
santuário mabet
sapatos ayakkabı

satisfeito(a) memnun
saúde sağlık
saúde! *(quando alguém espirra)* çok yaşa!
scooter küçük motorsiklet, trotinet
se eğer
secador de cabelos saç kurutma makinesi
secar kurutmak
seco(a) kuru
secretária eletrônica telesekreter
século yüzyıl
sede susuzluk
sedento(a) susamış; **estar sedento(a)** susamak
segunda classe ikinci sınıf
segunda-feira pazartesi
segundo(a) ikinci
segurança emniyet, güvenlik
segurar tutmak
seguro *(subst)* sigorta
seguro total full kasko
selo pul
selvagem vahşi
sem sız/siz/suz/süz
sem glúten gulutensiz
semana hafta
sempre her zaman
senha şifre
senhor bay
senhora bayan
senhorita bayan
sensível duyarlı, hassas, hissi
senso duyu
sentar-se oturmak
sentimento duygu, his
sentir hissetmek; **sentir-se bem/mal** iyi/kötü hissetmek
separadamente ayrıca

separado(a) ayrı
separar ayrılmak
ser, estar olmak
serviço de informações *(telefônicas)* bilinmeyen numaralar
serviços domésticos ev işi; **fazer os serviços domésticos** ev işi yapmak
setembro eylül
sexo seks
sexta-feira cuma
shopping center alışveriş merkezi
shorts şort
show gösteri, şov
significar demek; **o que significa …?** … ne demek?
silencioso(a) sessiz
sim evet
sinagoga sinagog
sinal işaret
sinalizar işaret vermek
só um sadece bir tane
só um pouco birazcık
sob altında
sobre hakkında
sobremesa tatlı
sobrenome soyad
socorrer yardım etmek
socorro mecânico arıza/tamir servisi
socorro, ajuda yardım; **pedir socorro** yardım istemek; **socorro!** imdat!
sofrer ıstırap çekmek
sol güneş; **ao sol** güneşte
soletrar hecelemek
solteiro(a) bekar
sombra gölge; **à sombra** gölgede
somente sadece, yalnızca
soneca kısa uyku; **tirar uma soneca** kestirmek
sono uyku
sonolento(a) uykulu; **estar sonolento(a)** uykusu olmak
sorrir gülücük
sorte şans; **ter sorte** şanslı olmak
sortudo(a) şanslı
souvenir hediyelik eşya
suar terlemek
subúrbio banliyö, taşra
suco meyve suyu
suéter süveter
suficiente yeter; **é suficiente** bu yeterli
sugerir önermek, tavsiye etmek
sujo(a) kirli, pis
sul güney; **no sul** güneyde; **(ao) sul de** güneyine doğru
supermercado süpermarket
suportar katlanmak
surdo(a) sağır
surfar sörf yapmak
surfe sörfçülük; **praticar surfe** sörfe çıkmak/gitmek
surpreender sürpriz yapmak
surpresa sürpriz
sutiã sütyen

T

tabacaria tütüncü
tabaco tütün
tabela de horários tarife, zaman çizelgesi
talvez belki
tamanho boyut; (de roupas) beden
também de/da/te/ta, ayrıca
tampões de ouvido kulak tıkacı

tão breve quanto possível mümkün olduğu kadar çabuk
tapete halı
tarde *(adv)* geç;*(subst)* öğleden sonra
tarifa com desconto indirimli fiyatı
taxa de câmbio döviz kuru
táxi taksi
taxista taksici
tchau! hoşçakal!
teatro tiyatro
teleférico telesiyej; **teleférico de cadeira** telesiyej
telefonar telefon etmek
telefone telefon
telefone celular cep telefonu
telefonema telefon görüşmesi; **dar um telefonema** telefonla aramak
telefonista santral
televisão televizyon
temperatura sıcaklık; **medir a temperatura de alguém** ateşini ölçmek
tempero baharat
tempestade fırtına
templo tapınak
tempo zaman
tempo, clima hava; **o tempo está ruim** hava kötü
temporada mevsim, dönem
temporário(a) geçici
tênis *(modalidade esportiva)* tenis; *(calçado)* spor ayakkabısı
tentar denemek; **tentar fazer algo** bir şey yapmaya çalışmak
ter almak, sahip olmak; **ter de (v)-meli/malı;tenho de ir** gitmeliyim

ter um resfriado soğuk almak
terça-feira salı
terminal terminal
terminar bitirmek
termômetro termometre
terra dünya, yeryüzü
terraço teras
térreo zemin kat
terrível berbat
tesoura makas
testa alın
teu(s), tua(s), seu(s), sua(s) senin
tigela tas, çanak
tímido(a) utangaç
tintim!, saúde! şerefe!
tinturaria a seco kuru temizlemeci
tio amca
típico(a) tipik
tipo çeşit; **que tipo de ...?** ne tür ...?
toalete tuvalet
toalha havlu
toalha de banho banyo havlusu
toalha de rosto yüz havlusu
tocar, encostar dokunmak
toda semana bütün hafta
todo(a) her; **todo dia** her gün; **todo o mundo** herkes; **em todo lugar** heryer, heryerde
todo(a), inteiro(a) tüm
tomada fiş
tomar almak
topo üst; **no topo** üstte
torcer burkmak; **torcer o tornozelo** ayak bileğini burkmak
torneira musluk
tornozelo ayak bileği
torta turta

tosse öksürük; **estar com tosse** öksürüğü olmak
tossir öksürmek
trabalhar çalışmak
trabalho iş
tradicional geleneksel
traduzir çeviri, tercüme
tráfego trafik
trailer karavan
transferência *(de dinheiro)* havale
transportar taşımak
traveler's check seyahat çeki
travesseiro yastık
trazer getirmek
trem tren; **o trem para Ancara** Ankara'ya giden tren
trilha patika
triste üzgün
troca değişim
trocar değişmek
troco bozuk para
tudo hepsi; **tudo de melhor** herşeyin en iyisi; **tudo igual** hepsi şey; **tudo incluído** her şey dahil
turista turist

U

uísque viski
último(a) geçen; **último ano** geçen yıl
um(a) bir
um pouco bir parça
úmido(a) nemli
unha tırnak
urgente acele, acil
usar kullanmak
uso fayda, yarar
útil faydalı, yararlı

V

vacinado(a) *(contra)* aşılı (-e/a/ye/ya karşı aşılı)
vaga de estacionamento park yeri
vago(a) boş
vale vadi
valer değeri olmak
valer a pena: isto vale a pena ona değer
válido(a) geçerli; **válido(a) para** için geçerli
valor değer
varanda balkon
vários(as) çok
vazamento akıntı, sızıntı
vazio boş
vegetariano(a) vejeteryan
vela mum
vela de ignição buji
velejar yelken; **ir velejar** yelkene çıkmak
velejo yelkencilik
velho(a) yaşlı
velocidade hız; **a toda velocidade** tam gaz
venda satım; **à venda** satılık; **na venda** indirimde
vendedor mağaza elemanı
vender satmak
ventilador vantilatör
vento rüzgar
ver görmek
verão yaz
verdadeiro(a) doğru
verde yeşil
vergonha rezalet, utanç
verificar kontrol etmek
vermelho kırmızı

vespa yabanarısı
vestiário soyunma odası
vestido elbise
vestir giymek
vestir-se giyinmek
vez: é a sua vez sıra sende; **uma vez** bir kez; **uma vez por dia/ por hora** günde/saatte bir kez; **três/quatro vezes** üç/dört kere
viagem gezi, yolculuk; **boa viagem!** iyi gezmeler!
viagem de ida gidiş
viajar seyahat
vida hayat, yaşam
vilarejo köy
vinho şarap
vinho branco beyaz şarap
vinho *rosé* pembe şarap
vinho tinto kırmızı şarap
vir gelmek
virar dönmek
visita ziyaret
visita guiada rehberli tur
visitar ziyaret etmek
vista, paisagem manzara
vista para o mar deniz manzarası
visto vize
vivo canlı
vizinho komşu
voar uçmak
você sen
você tem fogo? ateşiniz var mı?
vocês, sr., sra. siz
voleibol voleybol
volta, retorno dönüş
voltar geri gelmek
vomitar kusmak
voo uçuş

W

***walkman*®** volkmen
website web sitesi
windsurfe rüzgar sörfü

X

xampu şampuan
xarope şurup
xícara fincan

Z

zero sıfır
zíper fermuar
zona de pedestres trafiğe kapalı sokak/yol
zoológico hayvanat bahçesi

DICIONÁRIO

TURCO-PORTUGUÊS

A

acele urgente, pressa; **acele etmek, acelesi olmak** estar com pressa; **acelen mi var?** você está com pressa?
acele et apressar
acı doer; **acıyor** dói; **başım/kafam acıyor** minha cabeça está doendo
acı picante
acil urgente; **acil durum** emergência; **acil durum çıkışı** saída de emergência; **acil durumda** em caso de emergência; **acil durum halinde** em caso de emergência
aç com fome; **aç olmak** estar com fome
açık claro(a), aberto(a); **açık mavi** azul-claro
açlık fome
açmak abrir, acender, ligar
ad nome; **(benim) adım ...** meu nome é ...
ada ilha
adam homem
adaptör adaptador
adet item
adım passo
adres endereço
affedersiniz desculpe
afiyet olsun! bom apetite!
ağır pesado(a)
ağız boca
ağlamak chorar
ağrıyan dor; **boğazım ağrıyor** ter dor de garganta; **başım ağrıyor** ter dor de cabeça
ağustos agosto
aile família; **aile hekimi** clínico geral, médico de família
akciğer pulmão
akıntı vazamento
akşam noite; **bu akşam** esta noite; **akşamleyin** à noite; **akşam yemeği** jantar *(subst)*; **akşam yemeği yemek** jantar *(v)*; **akşamdan kalmalık** ressaca
aksi halde caso ao contrário
aktarma conexão
alan área; **alan kodu** código de discagem, código de área
alanında na área
alçak baixo(a); **alçak dalga** maré baixa
alçı gesso
alerjik alérgico(a)
aliminyum folyo papel-alumínio
alın testa
alıp getirmek buscar
alışveriş compras; **biraz alışveriş/ alışveriş yapmak** fazer compras; **alışveriş merkezi** *shopping center*
alkol álcool
almak pegar, ter, receber

Almanya Alemanha
alt inferior
altında embaixo, na parte inferior de
altta na parte inferior
altyazılı legendado
ama mas
amaç propósito
ambulans ambulância
amca tio
ameliyat operação, cirurgia; **ameliyat olmak** fazer uma cirurgia
Amerika Birleşik Devletleri Estados Unidos
Amerikalı americano(a)
ampul lâmpada
an momento
ana principal; **ana yemek** prato principal
anahtar chave
anestezi anestésico
anıt monumento
anlamak entender, dizer
anlaşmak combinar
anne mãe; **anne baba** pais
antibiyotik antibiótico
antrenör treinador
apendisit apendicite
araba carro; **araba gezintisi**, **araba kullanmak** dirigir; **araba ile** de carro
arabayla de carro; **arabayla gezmeye çıkmak** dar um passeio de carro
aralık dezembro
aramak procurar
arasında dentre, entre
arı abelha
arıza problema mecânico, socorro mecânico
arızalanmak enguiçar
arka atrás
arkadaş amigo
arkasında atrás de
asansör elevador
askı cabide
asla nunca
asmak pendurar
aspirin aspirina
astım asma
aşağısı embaixo de, sob
aşağıda abaixo
aşçı cozinheiro
aşılı vacinado(a); **-e/a/ye/ya karşı aşılı** vacinado(a) (contra)
at cavalo
ateş fogo, febre; **ateşi olmak** estar com febre
atık desperdiçar, gastar
Avro çeki eurocheque
Avrupa Europa
Avrupalı europeu, europeia
avukat advogado
ay mês
ayak pé; **ayak bileği** tornozelo
ayakkabı sapatos
aybaşı menstruação; **aybaşı pedi** absorventes higiênicos
ayin missa, culto religioso
ayırtmak reservar
ayna espelho
aynı mesmo; **aynısı** o mesmo; **aynı şey** tudo igual
ayrı separado(a)
ayrıca também, separadamente
ayrılış partida
ayrılmak fazer *checkout*, partir, separar

az pequeno; **en az** mínimo; **en azı** o mínimo; **en azından** no mínimo
azaltmak reduzir

B

baba pai
baca chaminé
bacak perna
bagaj bagagem, porta-malas
bağımsız independente
bağlantı conexão, contato; **bağlantı kurmak** entrar em contato
bağlı olmak depender
bahane desculpa
baharat tempero
bahçe jardim
bahşiş gorjeta
bakkal mercearia
bakmak olhar
balayı lua de mel
balık peixe
balıkçı pescador
balkon varanda
bana (para) mim
bandaj atadura
banka banco
bankamatik caixa eletrônico
banknot cédula *(de dinheiro)*
banliyö subúrbio
banyo banho, banheiro; **banyo havlusu** toalha de banho; **banyo yapmak** tomar banho
bar bar
barbekü churrasco
bardak copo; **bir bardak su/şarap** um copo de água/vinho
basınç pressão
bastırmak pressionar

baş cabeça; **başı ağrımak** ter dor de cabeça
başağrısı dor de cabeça
başından gitmek ir embora
başka outro(a); **başkaları** outros(as); **başka bir** algum(a) outro(a)
başlamak começar
başlangıç começo; **başlangıçta** no começo
batı oeste; **batıda** no oeste; **batısına doğru** (a) oeste de
battaniye cobertor
bavul mala
bay senhor
bayan senhora, senhorita
bayanlar tuvaleti sanitário feminino
bayılmak desmaiar
bazen às vezes
bazı alguns, algumas; **bazı insanlar** algumas pessoas
bebek bebê; **bebek arabası** carrinho de bebê; **bebek bezi** fralda
beden tamanho
beğenmek gostar
bekar solteiro(a)
beklemek esperar; **birisini/birşeyi beklemek** esperar por alguém/algo
bel cintura
Belçika Bélgica
belki talvez, provavelmente
belli óbvio
ben eu; **ben de** eu também; **ben yirmi iki yaşındayım** eu tenho 22 anos de idade
bence na minha opinião
beni me
benim meu(s), minha(s)

benimki o(s) meu(s), a(s) minha(s)
benzin gasolina; **benzinle doldurmak** abastecer com gasolina; **benzin istasyonu** posto de gasolina
beraber com
berbat terrível
besin zehirlenmesi intoxicação alimentar
beyan etmek declarar
beyaz branco; **beyaz şarap** vinho branco
bıçak faca
bıkmak estar farto(a)
biberon mamadeira
biçim forma
bildirmek declarar
bile bile de propósito
bilet bilhete, ingresso; **bilet gişesi** bilheteria; **bilet koçanı** canhoto do ingresso; **bilet ücreti** preço da passagem, tarifa
bilgi informação
bilgisayar computador; **bilgisayarda yazmak** digitar
bilinmeyen numaralar serviço de informações telefônicas
bilmek saber; **bilmiyorum** eu não sei
bina prédio, construção
biniş embarque
binmek embarcar
bir um, uma; **bir kez** uma vez; **günde/saatte bir kez** uma vez por dia/por hora
birazcık um pouco
biriktirmek economizar
birinci primeiro(a); **birinci kat** primeiro andar; **birinci sınıf** primeira classe

birisi alguém
birkaç alguns, algumas
Birleşik Krallık Reino Unido
birlikte com, junto
birşey algo; **başka birşey** algo mais
biryer algum lugar; **başka biryer** algum outro lugar
bisiklet bicicleta; **bisiklet pompası** bomba de ar para bicicleta; **bisiklet yolu** ciclovia
bitirmek terminar, concluir
bitki planta
bitmek acabar; **benzini bitmek** acabar a gasolina
biz nós
bize (a, para) nós, nos
bizi *(pr obl)* nos
bizim nosso(a)
bizimki o(a) nosso(a)
boğaz garganta
boğulmak afogar-se
borcu olmak dever *(dinheiro)*
boş vazio(a), vago(a); **boş oda var** quartos vagos
bot botas
botanik bahçesi jardim botânico
boyun pescoço
boyunca durante
boyut tamanho
bozmak deteriorar
bozuk fora de serviço, em manutenção
bozuk para troco
bozulma problema mecânico
bozulmak enguiçar
böbrek rim
böcek inseto; **böcek ilacı** inseticida
bölüm departamento
böylece portanto
Britanya Grã-Bretanha

Britanyalı britânico(a)
bronşit bronquite
bronzlaşmak bronzear
bronzlaşmış bronzeado(a)
broşür prospecto
bu isto, este, esta
budur isto é
bu gece esta noite
bugün hoje
bugünlerde atualmente
buji vela de ignição
bulaşıcı contagioso(a)
bulaşık deterjanı detergente líquido
bulaşık makinesi máquina de lavar louça
bulaşıklar louça; **bulaşıkları yıkamak** lavar a louça
bulmak encontrar, localizar
buluşmak encontrar-se com *(alguém)*
bunlar estes, estas; **bunları** estes aqui, estas aqui
bunu isto aqui
burada aqui está/estão
buradaki isto aqui
burası aqui
burkmak torcer, distender; **ayak bileğini burkmak** torcer o tornozelo
burun nariz
bütün todo(a); **bütün keki** o bolo todo; **bütün gün** o dia todo; **bütün hafta** a semana toda
büyük grande
büyümek crescer
buz gelo; **buz küpü** cubo de gelo
buzdolabı geladeira
buzluk *freezer*

C

cadde avenida
cami mesquita
canlı vivo(a), orgânico(a)
can simidi boia
ceket jaqueta
cep telefonu telefone celular
cerrahi solüsyon álcool cirúrgico
ciddi grave, sério
ciğer fígado
cilt pele
cuma sexta-feira
cumartesi sábado
cümle frase
cüzdan carteira

Ç

çabucak rapidamente
çabuk rápido, logo
çadır barraca; **çadır kazığı** estaca para prender barraca
çağdaş moderno(a)
çağrı chamar
çakmak isqueiro
çalar saat despertador
çalışmak trabalhar, estudar
çalışmalar estudos
çalıştırmak pôr em funcionamento
çalmak roubar
çamaşır yıkama lavagem da roupa; **çamaşır yıkamak** lavar a roupa; **çamaşır deterjanı** sabão em pó; **çamaşır makinesi** máquina de lavar roupa
çamaşırhane lavanderia
çamurluk para-choque
çanta bolsa
çapraz cruzamento

çarşaf folha
çarşamba quarta-feira
çatal garfo
çay kaşığı colher de chá
çek cheque
çekilmek retirar
çekmek puxar
çene queixo
çeşit tipo
çeviri traduzir
çevre ao redor
çeyrek quarta parte, quarto; **çeyrek saat** quarto de hora, quinze minutos; **ona çeyrek** um quarto para as dez
çıkış saída
çıplak nu(a)
çift par; **bir çift pijama** pijama
çiğ cru(a)
çim grama *(relva)*
çimen grama *(relva)*
çizgi linha
çocuk criança; **çocuk arabası** carrinho de criança
çok muito; **çok sayıda** muitos(as); **çok yaşa!** saúde! *(quando alguém espirra)*; **en çok** maioria; **çok fena/kötü** muito mau; **çok pahalı** muito caro(a), um roubo
çorap meias
çöp lixo; **çöp bidonu** lixeira; **çöp kovası** lata de lixo; **çöpü (dışarı) çıkarmak** levar o lixo para fora
çünkü porque

D

dağ montanha; **dağ bisikleti** *mountain bike*; **dağ kulubesi** chalé na montanha

dağcılık escalada
daha: daha az menos; **daha bile iyi** tudo de melhor; **daha fazla** mais; **çok daha fazla** muito mais; **... daha yok** não há mais ...; **daha iyi** melhor; **daha iyileşmek** melhorar; **daha kötü** pior; **daha kötülemek** piorar
dahil incluído(a)
dakika minuto
daktilo etmek digitar
dalga onda
dalgıç elbisesi roupa de mergulho
dalgıçlık mergulho
dalmak mergulhar
dalmaya gitmek praticar mergulho
damla gotas
dans dança; **dans etmek** dançar
darbe batida, colisão
davet convidar
-de/da/te/ta em, também
debriyaj embreagem
defo falha
değer valor; **değeri olmak** valer; **ona değer** vale a pena
değerli querido(a)
değil não; **henüz değil** ainda não; **bir şey değil** de nada
değirmen moinho
değişim troca
değişmek trocar
demek significar, dizer; **... ne demek?** o que significa ...?; **nasıl diyorsunuz?** como se diz ...?
deneme odası provador
denemek experimentar *(roupa)*; tentar; **bir şey yapmaya çalışmak** tentar fazer algo
deniz mar; **deniz feneri** farol *(construção junto ao mar)*; **deniz**

kenarı beira-mar; **deniz kenarında** à beira-mar; **deniz manzarası** vista para o mar; **deniz tutması** enjoo; **deniz tutmuş olmak** estar com enjoo; **deniz ürünü** frutos do mar; **deniz yosunu** alga marinha
depolamak armazenar
depozit depósito
derece grau *(temperatura)*
dergi revista
deri pele
derin profundo(a)
dert problema, dificuldade
devirmek derrubar
dezenfekte desinfetar
dışarısı fora, do lado de fora; **dışarı atmak** jogar fora; **dışarı çıkmak** sair
diğer outro(a); **diğerleri** outros
dijital fotoğraf makinesi câmera digital
dikkat! cuidado!
dil linguagem, língua *(órgão)*
dilim fatia
dilimli fatiado(a)
dinlemek escutar
dinlenmek descansar
dip inferior; **dipte** na parte inferior
diş dente; **diş fırçası** escova de dentes; **diş macunu** pasta de dentes
dişçi dentista
disko discoteca
diye de modo que
diz joelho; **diz üstü bilgisayar** *lap top*
dizel óleo *diesel*
doğa natureza
doğru correto(a), verdadeiro(a)

doğu leste; **doğusuna doğru doğusu** (a) leste de; **doğuda** no leste
doğum günü aniversário
doğum tarihi data de nascimento
doktor médico
dokunmak tocar, encostar
doldurmak encher, preencher
dolgu obturação
dolu cheio(a); **... le/la dolu** cheio(a) de ...; **şarapla dolu** cheio(a) de vinho
donatım equipamento
dondurucu *freezer*
dosdoğru ileride reto, direto, em frente
dönmek virar
dönüş volta, retorno
döşek colchão
döviz kuru taxa de câmbio
dudak lábio
durumunda no caso de
durak parada, ponto
durgun parado(a)
durmak parar
durum caso
duş chuveiro, ducha; **duş almak** tomar uma ducha; **duş jeli** gel de banho
duyarlı sensível
duygu sentimento
duymak ouvir
duyu senso
dükkan loja
dükkancı lojista
dün ontem; **dünden önce** anteontem
dünya terra, mundo
dürbün binóculo
dürüst honesto(a)

düşmek cair
düşük tansiyon pressão baixa
düşünmek pensar
düz plano(a)
düzen pedido
düzenlemek organizar
düzenli arrumado(a)
düzlük planície

E

-ebilmek ser capaz de
eczane farmácia
eğer se
egzos borusu escapamento
ehliyet carteira de motorista
ekim outubro
eklemek adicionar
ekmek pão
ekonomi sınıfı classe econômica
ekspres expresso(a), rápido(a)
el mão; **el arabası** carrinho de mão; **el bagajı** bagagem de mão; **el çantası** bolsa de mão; **el feneri** lanterna; **el freni** freio de mão; **el ilanı** panfleto; **el yapımı** feito à mão
elbise vestido
elçilik embaixada
elektrik eletricidade; **elektrik sayacı** medidor de eletricidade
elektrikli elétrico(a); **elektrikli traş makinesi** barbeador elétrico
elektronik posta correio eletrônico; **elektronik posta adresi** endereço de correio eletrônico
email e-mail; **email adresi** endereço de e-mail
emin certo, com certeza

emniyet segurança; **emniyet kemeri** cinto de segurança
emretmek mandar, dar ordem
enfeksiyon infecção
engelli deficiente
enjeksiyon injeção
erkek kardeş irmão
erkek mayosu calção de banho
erkek tuvaleti sanitário masculino
erken cedo
eşcinsel homossexual
eski şehir cidade velha
espresso café *espresso*
eşya coisa; **eşyalar** coisas, mercadorias
etek saia
etraf ao redor
ev casa, lar; **evde** em casa; **eve gitmek** ir para casa; **ev işi** serviços domésticos; **ev işi yapmak** fazer os serviços domésticos
evet sim
evli casado(a)
evvel: az evvel pouco antes
eylül setembro

F

fakat mas
fakir pobre
faks fax
far farol
fare *mouse*, rato
farklı diferente; **... -den/dan/ten/tan farklı** diferente de ...
fast-food salonu restaurante de comida rápida, *fast-food*
fatura conta, recibo
fayda uso
faydalı útil

faydasız inútil
fazla excesso, excessivo, muito; **çok fazla pişmiş** bem passado(a) *(carne)*; **çok fazla** muito; **fazla kısım** peça de reposição
fazladan extra
felaket desastre
fena ruim; **fena değil** razoável
feribot balsa
fermuar zíper
festival festival
fıçı bira chope
fikir opinião; **benim fikrime göre** na minha opinião
filim filme; **filim tab ettirmek** revelar um filme
fincan xícara
fırçalamak escovar
fırın forno
fırıncı padaria
fırında pişirmek assar
fırlatmak arremessar
fırsat oportunidade
fırtına tempestade
fiş tomada, recibo, nota fiscal; **fişe takmak** ligar *(aparelho)*
fiyat preço; **fiyat istemek** cobrar
fiyatlandırmak avaliar
flaş *flash*
fotoğraf fotografia; **fotoğraf çekmek** tirar uma fotografia (de); **birisinin fotoğrafını çekmek** tirar uma fotografia de alguém; **fotoğraf makinesi** máquina fotográfica
Fransa França
fren freio; **fren yapmak** frear
fuar feira
full kasko seguro completo
full sigorta seguro total
futbol futebol

G

galeri galeria
Galler país de Gales
Galli galês(esa)
garaj garagem
garanti garantia
garip estranho(a)
garson garçom, garçonete
gastrit gastroenterite
gaz gás
gazete jornal
gazete bayii banca de jornal
gazeteci jornalista
gazlı gaseificado(a)
gebelikten koruyucu anticoncepcional
gece noite, madrugada
gece kulübü boate
gece yarısı meia-noite
gecelik camisola
gecikme atraso
gecikmeli atrasado(a)
geç *(adj)* tarde; **geç saate kadar açık** aberto até tarde da noite
geçe passado, decorrido; **onu çeyrek geçe** quinze passado das dez
geçen último(a); **geçen yıl** último ano
geçerli válido(a)
geçici temporário(a)
geçit töreni procissão
geçmek passar, atravessar; **beşi on geçiyor** são dez passado das cinco; **karşıya geçmek** atravessar a rua

geçmiş passado, decorrido, anterior
geleneksel tradicional
gelişmiş avançado(a)
geliştirmek desenvolver
gelmek vir
gemi barco; **gemi yolculuğu** cruzeiro
genç *(subst)* adolescente; *(adj)* jovem
gençlik oteli albergue da juventude
genel geral
genellikle geralmente
geniş amplo(a)
gerçek fato
gerçekten de fato
gerekli necessário(a)
geri aramak retornar a ligação
geri gelmek voltar
geri kalanı resto
geri ödeme reembolso
geri vermek reembolsar, devolver
geri vites marcha a ré
getirmek trazer, buscar; **birisini/birşeyi alıp getirmek** buscar alguém/algo
gezi viagem; **iyi gezmeler!** boa viagem!
gibi como; **gibi görünmek** parecer com
gidiş viagem de ida; **gidiş dönüş bilet** passagem de ida e volta
giriş entrada, acesso, *check-in*; **giriş yapmak** fazer *check-in*
gişe bilheteria, pedágio
gitmek ir; **İzmir'e/Kapadokya'ya gitmek** ir para Izmir/ir para a Capadócia; **yarın eve gidiyoruz** vamos para casa amanhã; **ile gitmek** ir juntos

giyinmek vestir-se
giymek vestir
giysi roupas
golf sahası campo de golfe
göğüs peito
gök céu
gökdelen prédio
gökyüzü céu
göl lago
gölge sombra; **gölgede** à sombra
gömlek camisa
gönderen remetente
göndermek enviar
görmek ver; **sonra görüşürüz!** até mais tarde!; **yakında görüşürüz!** até breve!; **yarın görüşürüz** até amanhã!
görünmek parecer, ter o aspecto de; **yorgun görünmek** parecer cansado(a); **… gibi görünüyor** parece que …
görüş opinião
gösterge indicador
gösteri *show*
göstermek mostrar
göz olho
gözetmek levar em consideração
gözlük óculos
gözlükçü oculista
gözlükler óculos
gözü kararmak ficar fora do ar
gram grama *(peso)*
gri cinza
gulutensiz sem glúten
gurur duymak ficar orgulhoso(a) (de)
güçlü forte
güçsüz fraco(a)
gülmek rir
gülücük sorrir

gümrük alfândega
gümrüksüz isento de impostos
gümüş prata; **gümüş kaplama** prateado(a)
gün data; **gün batışı** pôr do sol; **gün doğuşu** nascer do sol; **gün ortası** meio-dia
günaydın bom dia
güneş sol; **güneşte** ao sol; **güneş banyosu yapmak** tomar banho de sol; **güneş çarpması** insolação; **güneş çarpmasına uğramak** pegar uma insolação; **güneş gözlüğü** óculos de sol; **güneş kremi** protetor solar; **güneş şapkası** chapéu de sol; **güneş şemsiyesi** guarda-sol; **güneş sonrası kremi** creme pós-sol
güneşte yanmış queimadura de sol; **güneşte yanmak** ter uma queimadura de sol
güney sul; **güneyde** no sul; **güneyi/güneyine doğru** (ao) sul de
günün yemeği prato do dia
gürültü barulho; **gürültü yapmak** fazer barulho
gürültülü barulhento(a)
güvenli confiante
güvenlik segurança
güzel bonito(a), legal; **güzel vakit geçirmek** divertir-se

H

haber notícias
hafif leve; **hafif yemek** lanche
hafta semana; **hafta boyunca, hafta içinde, hafta süresince** durante a semana; **hafta sonu** fim de semana

hak direito; **... -e/a/ye/ya hakkı olmak** ter direito a ...
hakkında sobre; **hakkında düşünmek** pensar sobre
haklı justo(a)
halı tapete
halinde ... em caso de ...
hamamböceği barata (inseto)
hamile grávida
hangi que, qual
hap pílula, comprimido; **doğum kontrol hapı kullanmak** tomar pílula anticoncepcional
harcamak gastar
hariç exceto
harika grande, maravilhoso(a)
harita mapa
hassas sensível
hasta (adj) doente; (subst) paciente **hasta düşmek** adoecer
hastalık doença
hastane hospital
hatırlamak lembrar
hatırlatmak fazer lembrar
hatta kalın! um momento!
hattan ayrılmayın! aguarde um momento!
hava ar, tempo (clima); **hava kötü** o tempo está ruim; **hava durumu** previsão do tempo; **hava sıcak** está calor; **hava soğuk** está frio
hava yolu companhia aérea
havaalanı aeroporto
havai fişek fogos de artifício
havalandırma ventilação
havalanmak delocar
havale transferir
havlu toalha
hayat vida
hayır não

hayvan animal
hayvanat bahçesi zoológico
hazır pronto(a); **hazır kahve** café solúvel
haziran junho
hazırlamak preparar
hecelemek soletrar; **(onu) nasıl heceliyorsunuz?** como se escreve isto?
hediye presente; **hediye paketi** pacote de presente
hediyelik eşya souvenir
hemen (şimdi) imediatamente; **hemen yanında** bem ao lado
hemşire enfermeira
hepsi tudo
her cada, todo(a); **her biri** cada um deles(as); **her gün** todo dia; **her şey dahil** tudo incluído; **her zaman** sempre
herkes todo o mundo
herneyse de qualquer modo
heryer em todo lugar
herzaman sempre, a todo momento
hesap conta
hırsız ladrão
hırsızlık roubo
hız velocidade
hızlı rápido(a)
hiç nada; **hiç biri** nem
hiçbirşey nada
hiçbiryer nenhum lugar
hiç kimse ninguém
hissetmek sentir
Hollanda Holanda
hoş bonito(a); **hoş geldiniz** bem-vindo(a)
hoşçakal tchau
hoşlanmak gostar, divertir-se

hükümet konağı espécie de "poupa-tempo"

I

ılık morno(a)
ırkçı racista
ısırık mordida
ısırmak morder
ısıtma aquecimento
ıslak molhado(a)

i

iç çamaşırı roupa íntima
içeri girmek entrar
için para
içinde em, dentro; **bir saat içinde** em uma hora
içki bebida alcoólica; **içki içmek** tomar bebida alcoólica; **içki içmeye gitmek** sair para beber
içkili bêbado(a)
içmek beber
içme suyu água potável
ifade expressão
iğne injeção
ihtiyaç precisar
iken enquanto
ikimiz ambos de nós
ikinci segundo(a); **ikinci el** de segunda mão; **ikinci sınıf** segunda classe
ikisi ambos
iklim clima
ilaç medicamento
ilave etmek suplemento
ile por, com, de
ilerlemek avançar, progredir
ilkbahar primavera

imdat! socorro!
imkan oportunidade
imza assinatura
imzalamak assinar
inanmak acreditar
indirim desconto, liquidação; **indirim yapmak** dar um desconto a alguém
indirimli bilet ingresso com desconto
indirimli fiyatı tarifa com desconto
indirmek reduzir
İngiliz inglês, inglesa
İngiltere Inglaterra
inşa etmek construir
insan pessoa
insanlar pessoas
internet internet; **internet kafe** *cybercafé*
iptal etmek cancelar
İrlanda Irlanda
İrlandalı irlandês, irlandesa
ishal diarreia; **ishal olmak** ter uma diarreia
isim nome
iskele cais
İskoçya Escócia
İskoçyalı escocês, escocesa
İspanya Espanha
istasyon estação
istemek querer, pedir; **bir şey istemek** querer algo; **... istiyorum** eu gostaria de …
istepne estepe
ıstırap çekmek sofrer
istisnai excepcional
iş trabalho, emprego
işaret sinal; **işaret vermek** sinalizar
işemek fazer xixi
İtalya Itália

itfaiye bombeiros
ittirmek empurrar
iyi bem, bom, boa; **çok iyiyim** estou muito bem; **daha iyi** melhor; **en iyisi** o melhor; **iyi akşamlar** boa noite; **iyi geceler** boa noite *(ao se despedir)*; **iyi günler** boa tarde
iyilik bem, favor; **birisine iyilik yapmak** fazer um favor a alguém
izin vermek deixar, permitir
izlemek assistir

J

jilet lâmina de barbear
jinekolog ginecologista

K

kayıtlı registrado(a)
kabız constipado(a), com prisão de ventre
kabuklu deniz hayvanı crustáceo
kabul etmek aceitar
kaburga costela
kaç: kaç para? quanto custa?; **kaç tane?** quantos(as)?; **kaç kere?** quantas vezes?
kaçırmak perder, deixar passar; **treni kaçırdık** perdemos o trem; **iki tane ... eksik** estão faltando dois/duas ...
kadar até
kadın mulher; **kadın çorabı** meia-calça; **kadın mayo** roupa de banho feminina
kafa cabeça
kafe cafeteria

kağıt papel; **kağıt peçete** guardanapo de papel; **kağıt mendil** lenço de papel
kahvaltı café da manhã; **kahvaltı etmek** tomar café da manhã
kahve café
kahverengi marrom
kalabalık lotado(a), cheio(a); **burası çok kalabalık** está muito cheio aqui
kalça quadril
kaldırmak remover
kale castelo, fortaleza
kalıntılar ruínas; **kalıntılar içinde** em ruínas
kalış estadia
kalite qualidade; **iyi/kötü kalite** de boa/má qualidade
kalkış partida
kalkmak levantar-se
kalmak ficar; **bağlantıda kalmak** ficar em contato
kalp coração
kalp krizi ataque cardíaco
kampa gitmek acampar
kamp alanı *camping*, acampamento
kampçı campista
kamp ocağı fogão de acampamento
kamp yapma *camping (atividade)*
kamu tatili feriado público
kamuya ait público(a)
kamyon caminhão
kan sangue; **kan basıncı** pressão arterial
kanal canal
kanamak sangrar
kapak capa, cobertura
kapalı fechado(a)

kapanış saati horário de fechamento
kapatmak fechar, desligar
kapı porta, portão de embarque
kapı kodu código da porta
kapora depósito
kar neve
kar yağmak nevar
karakol delegacia de polícia
karanlık escuro(a)
karavan *trailer*
karı esposa
karınca formiga
karşı através de, contra
karşısında em frente de
kart cartão
kartpostal cartão-postal
kas músculo
kasap açougue
kasım novembro
kask capacete
kaşık *(subst)* colher
kaşıntılı coçar; **kaşınıyor** coça
katedral catedral
katlanmak suportar
kavga briga
kavramak agarrar
kavşak rotatória
kaya rocha
kayak caiaque, esqui; **kayak botu** botas de esquiar; **kayak çubuğu** bastão de esqui; **kayak merkezi** estação de esqui; **kayak sopası** bastão de esqui; **kayak yapma** esquiação; **kayağa çıkmak/gitmek** praticar esquiação
kaybetmek perder
kaybolmak perder-se
kaydırak escorregador

kayıp eşya bürosu seção de achados e perdidos
kayıt numarası número de registro
kaza acidente
kazak pulôver, casaco
KDV (katma değer vergisi) IVA *(imposto do valor agregado)*
kendi próprio; **kendi arabam** meu próprio carro
kendim eu mesmo(a)
kendisi ele mesmo, ela mesma
kent rehber guia de eventos cidade
kesişen cruzamento
kesmek cortar; **kendini kesmek** cortar-se
kestirmek tirar uma soneca
kestirme yol curto-circuito
kez vezes; **iki kez** duas vezes
kıravat gravata
kırık quebrado(a)
kırılgan frágil
kırılır frágil
kırılmak quebrar
kırmak quebrar; **bacağını kırmak** quebrar a perna
kırmızı ışık farol vermelho
kırmızı şarap vinho tinto
kış inverno
kısa kollu de manga curta
kısa uyku soneca
kısım parte
kıyı litoral
kıymık lasca
kız garota; **kız (evlat)** filha; **kız arkadaş** namorada; **kız kardeş** irmã
kızarmış frito(a)
kızartmak fritar
kızartma tavası frigideira

kızıl vermelho
kızlık soyadı nome de solteira
kibrit fósforo
kilise igreja
kilit cadeado
kilolu excesso de peso; **bavulum/valizim fazla kilolu** minha mala está excedendo o peso
kim quem; **kim arıyor?** quem está falando?
kimin de quem
kimlik belgeleri documentos de identidade
kimlik kartı carteira de identidade
kira aluguel
kiralamak alugar
kiralık para alugar
kirli sujo(a)
kitap livro
kitapçı livraria
koç treinador esportivo
koca marido
koklamak cheirar
kokmak cheirar; **güzel/kötü kokmak** cheirar bem/mal
koku cheiro
kol braço, manga *(de roupa)*, punho
kola Coca-cola®
kolay fácil
koltuk assento
kompartman compartimento
komşu vizinho
konaklama hospedagem
konser concerto; **konser salonu** sala de concertos
konserve açacağı abridor de latas
konserve kutusu lata
konsolosluk consulado
kontakt contato
kontakt lens lentes de contato

kontrol etmek verificar
konuşmak falar
koymak pôr
korkmak estar assustado(a); **-den/dan/ten/tan korkmak** estar assustado com
korkmuş assustado(a)
korumak proteger
köprü ponte
kör cego(a)
kötü mau, má, ruim
köy vilarejo
kredi kartı cartão de crédito
kuaför cabeleireiro
kulak ouvido; **kulak pamuğu** haste de algodão, cotonete®; **kulak tıkacı** tampões de ouvido
kullanılıp atılabilir descartável
kullanmak usar
kum areia
kumsal praia
kurşun kalem lápis
kuru seco(a); **kuru temizlemeci** tinturaria a seco
kurutmak secar
kusmak vomitar
kusur defeito, falha
kutsamak abençoar
kuvvetli forte
kuyumcu joalheria
kuzey norte; **kuzeyde** no norte; **kuzeyine dogru kuzeyi** (ao) norte de
küçük pequeno(a)
külot calcinha
kül tablası cinzeiro
küpe brinco
kütüphane biblioteca

L

lamba luminária
lastik pneu; **yedek lastik** estepe
lavabo pia *(de banheiro)*
leke mancha
lens lente
liman porto
lise escola secundária
litre litro
lunapark parque de diversões
lüks luxo
Lüksemburg Luxemburgo

M

mabet santuário, templo
maden suyu água mineral
madeni para moeda
magazin revista
mağaza loja; **büyük mağaza** loja de departamentos; **mağaza elemanı** vendedor
mağazacı lojista
makas tesoura
makul razoável
mallar bens, mercadorias
malzeme equipamento, material
manastır monastério
manzara paisagem, vista
mart março
masa mesa
mavi azul
mayıs maio
mazeret desculpa
mekanizma mecanismos, peças
mektup carta
memnun satisfeito(a); **memnun etmek** por favor; **memnun oldum** prazer em conhecê-lo(a)!

memnuniyet prazer; **memnuniyetle** com prazer
mendil lenço
menü menu
merdiven escada
merhaba olá
merhem pomada
merkez centro
mesaj mensagem
mesele assunto, questão
meslek emprego, profissão
meşgul ocupado(a); **çok meşgulüm** estou muito ocupado(a)
metro metrô; **metro hattı** linha de metrô; **metro istasyonu** estação de metrô
mevsim temporada
meydan praça
meyve suyu suco
mezarlık cemitério
mide estômago
miğfer capacete
mikrodalga forno de micro-ondas
mikroplanma infecção
misafir hóspede; **misafir evi** hospedaria
mopet mobilete
mor roxo
motor motor
motorsiklet motocicleta
mücevher joias
mum vela
musluk torneira
mutfak cozinha; **mutfak havlusu** pano de prato
mutlu feliz
mükemmel perfeito(a)
mümkün possível; **mümkün olduğu kadar çabuk** tão breve quanto possível

müsait disponível
müze museu
müzik música; **müzik seti** aparelho de som

N

nadir raro(a)
nadiren raramente
nakit dinheiro *(vivo)*; **nakit kartı** cartão de débito; **nakit ödemek** pagar em dinheiro; **nakit para** moeda corrente
nasıl como; **nasılsın?** como vai você?
nasır bolha
naylon torba sacola plástica
ne que, o que; **ne istiyorsun?** o que você quer?; **ne için?** por quê; **ne olur ne olmaz** por precaução; **ne zaman** quando
nefret etmek odiar
nehir rio
nemlendirici hidratante
nemli úmido(a)
nere, nerede onde; **... nerede?** onde fica/ficam …?; **nerelisin?** de onde você é?; **nereye? gidiyorsun?** para onde você está indo?
neredeyse quase
nezle gripe
nisan abril
nişanlı *(adj)* comprometido(a); *(subst)* noivo(a)
niyeti olmak pretender
nokta local
not nota
not defteri bloco de anotações

nöbetçi eczane farmácia de plantão
numara número

O

o ele, ela
ocak janeiro
oda quarto, cômodo
okumak ler, estudar; **biyoloji okumak** estudar biologia
okyanus oceano
olanak oportunidade
olası possível
olasılıkla provavelmente
oldukça bastante; **oldukça çok** grande quantidade de
olgun maduro(a)
olmak ser, estar, acontecer
omuz ombro
ona para ele, para ela
onarmak consertar
onartmak mandar consertar algo
onaylamak confirmar
onlar eles, a eles, para eles, lhes
onların deles, delas
onlarınki o(a) deles/delas
onu *(pr obl)* a ele/ela, la/lo, o/a
onun dele, dela
onunki a(s) dele/dela, o(s) dele/dela
ora ali
orada lá
orkestra orquestra
orman floresta
orta médio, meio; **orta pişmiş et** ao ponto *(carne)*
ortasında em meados de
otel hotel
otobüs ônibus; **otobüs durağı** ponto de ônibus; **otobüs güzergahı** itinerário do ônibus

otogar rodoviária
otopark estacionamento
otostop carona
otostop yapmak pegar carona
otoyol rodovia
oturmak sentar-se
oturma odası sala de estar
oynamak jogar
oyun jogo
oyuncak brinquedo

Ö

ödemek pagar
ödemeli telefon görüşmesi chamada a cobrar
ödünç almak pedir emprestado
ödünç vermek emprestar
öğleden sonra *(subst)* tarde
öğlen meio-dia; **öğlen yemeği** almoço
öğle yemeği yemek almoçar
öğrenci estudante
öğrenmek aprender
öksürmek tossir
öksürüğü olmak estar com tosse
öksürük tossir
öldürmek matar
ölmek morrer
ölü morto(a)
ön frente; **ön cam** para-brisa
önce antes
önceden com antecedência
önceki anterior
öncelikle primeiramente
öncü avançado(a)
önemli importante
önemsemek cuidar de
öneri oferecer
önermek sugerir

önünde em frente a
ördek pato
örtmek cobrir
örtü capa, cobertura
örümcek aranha
özel privado(a), particular, especial
özellik especialidade
özgür livre
özgüven autoconfiança
özür desculpa; **özür dilerim** desculpe-me

P

paha biçmek avaliar
pahalı caro(a)
paket pacote; **paket tatil** pacote de férias
paketlemek fazer mala
pamuk algodão; **pamuk ipi** algodão hidrófilo
pantolon calça
papaz sacerdote não muçulmano
para dinheiro; **para değişimi** câmbio
parça item, parte, pedaço, peça; **bir parça** um pedaço de; **parçası olmak** ser parte de
park etmek estacionar
park yeri vaga de estacionamento
parmak dedo
parti festa
pasaport passaporte
paskalya Páscoa
paso passe
paten patins
patika trilha
patlak lastik pneu furado
patlama explosão
patlamak explodir

paylaşmak dividir
pazar domingo
pazartesi segunda-feira
peçete guardanapo
peki o.k.
pembe rosa; **pembe şarap** vinho *rosé*
pencere janela; **pencerede** na janela
peron plataforma
perşembe quinta-feira
peyzaj paisagem
piknik piquenique; **piknik yapmak** fazer um piquenique
pil pilha
pilastik plástico
pis sujo(a)
pişmiş cozido(a); **az pişmiş et** mal passado(a) *(carne)*
plan *(subst)* plano
polis polícia, policial
portakal laranja
Portekiz Portugal
Portekizli português(esa)
portre retrato
posta correio, correspondência; **posta kodu** código de endereçamento postal; **posta kutusu** caixa de correio
postacı carteiro
postalamak postar
postane agência de correio
postrestrant posta-restante
pratik prático(a)
prezervatif preservativo
program programa
pudra pó
pul carimbo
puro charuto

R

raket raquete
radyatör radiador
radyo rádio; **radyo istasyonu** estação de rádio
rağmen *(conj)* embora
rahat confortável
rahatsız desconfortável; **rahatsız etmek** perturbar; **rahatsız etmeyiniz** não perturbe
randevu agendar; **randevu almak** agendar um horário; **(ile) randevusu olmak** agendar um horário (com)
rastgele acaso
reddetmek recusar
referans noktası ponto de referência
rehber guia *(pessoa)*; **rehber kitabı** guia *(livro)*
rehberli tur visita guiada
rejim dieta; **rejim yapmak** estar de dieta
renk cor
resepsiyon recepção; **resepsiyonda** na recepção
resepsiyonist recepcionista
resmi tatil feriado público
restoran restaurante
rezalet vergonha
rezervasyonlu reservado(a)
rıhtım cais
roman romance
romatizma reumatismo
röntgen radiografia
ruh hali humor
rüzgar vento; **rüzgar sörfü** windsurfe

S

saat hora; **saat bir** uma hora; **saat üç saat** três horas; **bir buçuk saat** uma hora e meia; **bir saat için** por uma hora
sabah manhã
sabun sabão
saç cabelo; **saç kurutma makinesi** secador de cabelos
sadece só, somente; **sadece bir tane** só um
sağ direita; **sağına doğru** à direita de
sağır surdo(a)
sağlık saúde
sahil litoral, beira-mar
sahip proprietário; **sahip olmak** possuir
sakal barba
saklamak manter, guardar, armazenar
saldırmak atacar
salı terça-feira
saman nezlesi febre do feno
sanat arte; **sanat ürünü** obra de arte
sanatçı artista
sandalet sandálias
sandalye cadeira
santimetre centímetro
santral telefonista
saralı epilético(a)
saray palácio
sarı amarelo
satılık à venda
satım venda
satın almak comprar
satmak vender
sayaç medidor

sayesinde graças a
sayfiye campo, interior
saymak contar, fazer conta
sebebiyle por causa de
sefer excursão, viagem
seks sexo
selam! oi!
selobant fita adesiva, durex®
sen você
senin teu(s), tua(s), seu(s), sua(s)
seninki o(s) teu(s), a(s) tua(s), o(s) seu(s), a(s) sua(s)
sergi exposição
serin fresco(a)
sert duro(a)
sessiz quieto(a), silencioso(a)
sevilen: en sevilen favorito
seyahat viagem; **seyahat acentesi** agência de viagens; **seyahat çeki** *traveler's check*
seyrek raro(a); **seyrek olarak** raramente
seyretmek assistir
sıcak quente; **sıcak çikolata** chocolate quente; **sıcak içecek** bebida quente; **sıcak meze** aperitivo quente
sıcaklık calor, temperatura
sıfır zero
sık sık frequentemente
sıkı apertado(a)
sıkışmış emperrado(a)
sıra fila
sıraya girmek fazer fila
sırt atrás
sırt çantası mochila
sızıntı vazamento
sigara cigarro; **sigara içmek** fumar; **sigara içmeyen** não fumante;
sigara kağıdı papel para enrolar cigarro; **sigara tiryakisi** fumante
sigorta fusível, seguro
sinagog sinagoga
sinek mosca
sinema cinema
sinirli bravo(a)
sipiral DIU *(dispositivo anticoncepcional)*
sirk circo
sivrisinek mosquito
siyah preto
-sız sem; **arkadaşsız** sem um amigo
soğuk frio(a); **soğuk almak** estar com resfriado
şok choque; **şok edici** chocante
sokak rua; **sokağın sonunda** no final da rua
sokmak picar; **(tarafından) sokulmak** ser picado(a) (por)
sokuk picada
sol esquerda; **soluna doğru** à esquerda (de)
son fim, final; **son kullanma tarihi** data de validade
sonra depois, após
sonbahar outono
sonraki: bir sonraki próximo(a)
sonuncu último(a)
sonunda no final de; **en sonunda** finalmente
sormak perguntar
soru questão, pergunta; **soru sormak** fazer uma pergunta
sorun problema
sos molho
soyad sobrenome
soymak descascar
soyunma odası vestiário
söndürmek apagar

sörfçülük surfe
sörf tahtası prancha de surfe
sörf yapmak surfar
söylemek dizer
söz vermek prometer
spor esporte; **spor ayakkabısı** tênis (calçado); **spor sahası** campo de esportes
sportif esportivo(a)
stadyum estádio
su água; **su geçirmez** à prova d'água; **su geçirmez yer örtüsü** cobertura impermeável para o chão; **su ısıtıcısı** aquecedor de água; **su kayağı** esqui aquático; **su tesisatçısı** encanador
susamak estar com sede, estar sedento(a)
susamış sedento(a)
susuzluk sede
-suz sem; **kolsuz** sem mangas
sünger esponja
süpermarket supermercado
sürahi jarra
süresince durante
sürmek durar, demorar; **bu iki saat sürer** isto dura duas horas
sürpriz surpresa; **sürpriz yapmak** surpreender
sütyen sutiã
süveter suéter
-süz sem; **sütsüz** sem leite

Ş

şamandıra boia
şampuan xampu
şans sorte
şanslı sortudo(a); **şanslı olmak** ter sorte
şapka chapéu
şarap vinho
şarj carga
şarkı canção; **şarkı söylemek** cantar
şarkıcı cantor
şehir cidade; **şehir merkezi** centro da cidade
şeker açúcar, doce; **şeker hastalığı** diabetes
şemsiye guarda-chuva
şerefe saúde!, tintim!
şey coisa; **şeyler** coisas
şifre senha
şikayet etmek reclamar
şimdi agora, no momento; **şimdi geldim** acabo de chegar
şimdilerde atualmente
şirket empresa
şiş inchado(a)
şişe garrafa; **şişe açacağı** abridor de garrafas
şişman gordo(a)
şort shorts
şu aquele(a); **şu anda** no momento
şubat fevereiro
şunlar aqueles(as); **şunları** aqueles(as) lá
şunu aquele(a) lá
şuradaki aquele(a) ali
şurup xarope
şuurunu kaybetmek ficar fora do ar

T

tabak prato (objeto)
taban chão
tabi certamente
tablo pintura
tahta madeira

takım equipe
taksi táxi
taksici taxista
tam bilet preço cheio, "inteira"
tam gaz a toda velocidade
tam pansiyon pensão completa
tam ücreti preço cheio
tamam o.k.
tamir etmek consertar; **tamir ettirmek** mandar consertar algo
tamir servisi socorro mecânico
tampon para-choque, absorvente interno
tanımak reconhecer
tapınak templo
tarak pente
tarif receita
tarife tabela de horários
tarih data
tarihi geçmiş fora de moda
tarz estilo
tas tigela
taş pedra
taşımak transportar
taşra interior, campo
tat sabor
tatil férias; **tatil köyü** colônia de férias
tatilde de férias
tatlı *(adj)* doce; *(subst)* sobremesa
tatmak experimentar *(alimento)*
tavsiye conselho; **tavsiye etmek** sugerir; **tavsiye istemek** pedir conselho a alguém; **tavsiye vermek** aconselhar
tecavüz estupro
tehlikeli perigoso(a)
tekerlek roda
tekerlekli sandalye cadeira de rodas

teklif oferecer; **teklif etmek** propor, recomendar
tekrar novamente
tekrarlamak repetir
tek yön bilet passagem *(só de ida)*
telefon telefone; **telefon etmek** telefonar; **telefon görüşmesi** telefonema; **telefon kartı** cartão de telefone; **telefon kulübesi** cabine telefônica; **telefon numarası** número de telefone; **telefon rehberi** lista telefônica
telefonla aramak dar um telefonema
telesekreter secretária eletrônica
telesiyej teleférico, teleférico de cadeira
televizyon televisão
temiz limpo(a)
temizlemek limpar
temmuz julho
tencere panela
tenis tênis *(modalidade esportiva)*; **tenis kortu** quadra de tênis
tepe colina; **tepe yürüyüşü** caminhada em terreno íngreme; **tepe yürüyüşüne çıkmak/gitmek** fazer caminhada em terreno íngreme
teras terraço
terbiye tempero, molho
tercihen de preferência
tercih etmek preferir
tercüme traduzir
terlemek suar
terlik chinelos
terminal terminal
termometre termômetro
termos garrafa térmica
tesadüfi ao acaso

teşekkür etmek agradecer
teşekkür ederim obrigado(a); **çok teşekkür ederim** muito obrigado(a)
teşekkürler obrigado(a)
tıka basa dolu empacotado(a)
tıraş bıçağı aparelho de barbear
tıraş etmek barbear
tıraş köpüğü espuma de barbear
tıraş kremi creme de barbear
tıraş olmak barbear
tırnak unha
tipik típico(a)
tirbüşon saca-rolhas
tiyatro teatro
top bola; **bir/iki top** uma/duas bola(s)
toplamak coleção
toplantı encontro
tören alayı procissão
trafiğe kapalı sokak/yol zona de pedestres
trafik tráfego; **trafik sıkışıklığı/ tıkanıklığı** congestionamento
tramvay bonde
tren trem; **Ankara'ya giden tren** o trem para Ancara; **tren istasyonu** estação ferroviária
trotinet *scooter*
tuhaf estranho(a)
tükenmek acabar; **ekmeği tükenmek** acabar o pão, ficar sem pão
tükenmez kalem caneta
tül gaze
tülbent gaze
tüm todo(a), inteiro(a)
tüp gaz bujão de gás
tür tipo; **ne tür …?** que tipo de …?
tütün tabaco

tütüncü tabacaria
turist turista; **turist tuzağı** armadilha para turistas
turizm bürosu centro de informações turísticas
turta torta
tutmak segurar
tuvalet toalete; **tuvalet torbası** *necessaire*; **tuvalet kağıdı** papel higiênico; **tuvalet takımı** produtos de higiene
tuz sal
tuzlanmış salgado
tuzlu salgado(a)

U

ucuz barato(a)
uç ponto
uçak avião; **uçak postası** correio aéreo; **uçak yorgunluğu** *jet lag*
uçmak voar
uçurum abismo
uçuş voo
u dönüşü retorno
ulaşmak alcançar
ulusal tatil feriado nacional
uluslararası internacional; **uluslararası para havalesi** transferência internacional de dinheiro
utanç vergonha
utangaç tímido(a)
uyanmak acordar
uyarmak avisar
uygun razoável
uyku sono; **uyku hapı** pílula para dormir; **uyku tulumu** saco de dormir

uykulu sonolento(a); **uykusu olmak** estar sonolento(a)
uykusuzluk insônia
uyluk coxa
uymak cair bem; **sana uyar mı?** isto lhe cai bem?
uyumak dormir
uyuşturucu drogas
uyuyakalmak adormecer
uzak longe
uzun comprido(a), longo(a); **uzun zaman** por muito tempo
ülke país
ünlü famoso(a)
ürkek medroso(a)
ürün produto
üst topo; **üstte** no topo
ütü ferro de passar; **ütü yapmak** passar a ferro
üye membro
üzerinde acima, em cima
üzgün triste; **üzgün olmak** sentir muito, lastimar

V

vadi vale
vahşi selvagem
valiz mala
vana válvula, registro
var há
varış chegada
varmak chegar, alcançar
ve e
vejeteryen vegetariano(a)
ventilator ventilador
vergi imposto
vermek dar
vestiyer chapelaria
veya ou

villa vila
viski uísque
vites kutusu caixa de câmbio
vize visto
voleybol voleibol
volkmen *walkman*®
vuruk batida, colisão
vücut corpo

W

web sitesi *website*

Y

yabanarısı vespa
yabancı estrangeiro(a)
ya da ou
yağ óleo; **az yağlı** de baixa caloria
yağmur chuva; **yağmur yağmak** chover; **yağmur yağıyor** está chovendo
yağmurluk capa de chuva
yakalamak pegar
yakında logo, perto, próximo **kumsala yakın** próximo à praia; **en yakın …** o mais próximo …
yakmak ligar, acender, queimar; **kendini yakmak** queimar-se
yalnızca somente
yan lado
yangın! fogo!
yanık queimadura
yanında ao lado de
yanısıra bem como
yanıt resposta
yanıt vermek responder
yanlış engano; **yanlış yapmak** cometer um engano

yapmak fazer; **yapmak üzere** estar prestes a fazer algo
yara bantı band-aid®
yara ferida, ferimento
yaralı ferido(a)
yarar uso
yararlı útil
yararsız inútil
yardım ajuda
yardım etmek ajudar, socorrer; **yardım istemek** pedir socorro
yarım meio(a); **yarım litre/kilo** meio litro/quilo; **yarım saat** meia hora; **yarım pansiyon** meia pensão
yarın amanhã; **yarın akşam** amanhã à noite; **yarın sabah** amanhã de manhã
yarından sonra depois de amanhã
yasak proibido(a)
yastık travesseiro; **yastık kılıfı** fronha
yaş idade
yaşam vida
yaşlı velho(a); **yaşlı insanlar** pessoa de idade
yatak cama, colcha
yat limanı marina
yavaş devagar; **yavaş koşu** jogging, corrida
yavaş yavaş lentamente
yaya pedestre
yaz verão
yazık pena; **ne yazık** é uma pena
yazmak escrever
yelken velejar
yelkencilik velejo; **yelkene çıkmak** praticar velejo
yemeği yapmak fazer a comida

yemek (v) comer; (subst) **yemek** comida, refeição; **yemek kaşığı** colher de sopa; **yemek pişirme** culinária, cozinha
yeni novo(a); **yeni başlayan** principiante; **yeni yıl** Ano-Novo
yer andar, chão, lugar, assento; **yer ayırtmak** reservar
yerde no chão
yerel zaman horário local
yerine em lugar de
yeryüzü terra
yeşil verde
yeter suficiente; **bu yeterli** é suficiente
yıkama lavagem
yıkamak lavar; **saçını yıkamak** lavar os cabelos
yıkanmak lavar-se
yıl ano
yılbaşı Ano-Novo
yıldönüm aniversário, data comemorativa
yoksa caso contrário
yol rua, caminho; **yol işareti** placa de trânsito; **yol parası** tarifa
yolcu passageiro
yolculuk viagem
yoluyla por
yorgun cansado(a), exausto(a)
yormak exaurir
yön direção; **yön duyusu kuvvetli olmak** ter um bom-senso de direção; **yön vermek** dirigir
yönetici administrador
yönetmek administrar
yukarıda acima, na parte de cima
Yunan (adj) grego(a)
Yunanistan Grécia
Yunanlı (subst) grego(a)

yurtdışı no exterior
yuvarlak redondo(a)
yüksek alto(a); **yüksek dalga** maré alta; **yüksek tansiyon** pressão alta
yüksek sesli ruidoso(a)
yün lã
yürümek caminhar
yürüyüş caminhada; **yürüyüşe çıkmak** fazer uma caminhada
yürüyüş botları botas de caminhada
yüz rosto; **yüz havlusu** toalha de rosto
yüzde por cento
yüzden: bu yüzden por causa disso
yüzme natação; **yüzme havuzu** piscina
yüzmek nadar
yüzmeye gitmek dar um mergulho
yüzünden por causa de
yüzyıl século

Z

zaman tempo; **zaman zaman** de vez em quando; **ne kadar zaman …?** por quanto tempo …?
zaman farkı diferença de horário
zamanında na hora
zarar görmüş danificado(a)
zarf envelope
zaten na verdade
zayıf fino(a), fraco(a), magro(a)
zemin kat térreo
zevk prazer; **zevkle** com prazer
zıt oposição, contradição
zirve pico
ziyaret visita
ziyaret etmek visitar
zor difícil
zorluk dificuldade; **birşeyi yapmakta zorlanmak** ter dificuldade para fazer algo
zorunlu obrigatório(a); **gitmek zorundayım** devo ir embora
zum lentes de aumento

GRAMÁTICA

Artigos, adjetivos e substantivos
Em geral, não se usam artigos em turco. Por exemplo,
  ev = (uma/a) casa

Porém, o artigo "um" ou "uma" pode ser representado por **bir**. Por exemplo,
  bir ev = uma casa

Os adjetivos sempre vêm antes dos substantivos. Por exemplo,
  güzel ev = (uma) bela casa

Caso a palavra **bir** seja usada, o adjetivo vem *antes de* **bir**. Por exemplo,
  güzel **bir** ev = uma bela casa

Os plurais são indicados pelos sufixos **-lar** ou **-ler**. Por exemplo,
  çocuk (criança) → çocuk**lar** (crianças)
  çiçek (flor) → çiçek**ler** (flores)

Sufixos de substantivos
O turco é o que se chama uma língua "aglutinativa", ou seja, funciona por meio da adição sucessiva de **sufixos** – terminações que são acrescentadas ao radical de um substantivo ou verbo. Isso pode ter como resultado algumas palavras bem compridas! Veja abaixo um exemplo:

arkadaş	arkadaşlar	arkadaşlarım	arkadaşlarımla
amigo	amigos	meus amigos	com meus amigos

Os sufixos podem ser do tipo "duas formas" ou "quatro formas", seguindo as regras da harmonia das vogais. Desse modo, eles podem ter duas formas ou quatro formas ao se harmonizar com a vogal precedente.

Por exemplo, **-lar/-ler** é um sufixo de duas formas. Se a última vogal da palavra for **e, i, ö** ou **ü**, **-ler** é acrescentado para fazer o plural. Se a última vogal for **a, ı, o** ou **u**, então acrescenta-se **-lar**. Por exemplo,

180

Última vogal	Sufixo de plural				
[e, i, ö, ü]	-ler	evler (casas)	ziller (sinos)	gözler (olhos)	güller (rosas)
[a, ı, o, u]	-lar	hamamlar (casas de banho)	kızlar (filhas)	horozlar (galos)	okullar (escolas)

Abaixo alguns dos sufixos de duas formas mais comuns e úteis que podem ser adicionados aos substantivos:

		[última vogal e, i, ö, ü]	[última vogal a, ı, o, u]
		ev casa	hamam casa de banho
sufixo de plural	-ler/-lar	evler casas	hamamlar casas de banho
em ...	-de/-da	evde em casa	hamamda na casa de banho
para ...	-e/-a*	eve para casa	hamama para a casa de banho
de ...	-den/-dan	evden de casa	hamamdan da casa de banho
com ...	-le/-la	evle com a casa	hamamla com a casa de banho
deles/delas ...	-leri /-ları	evleri a casa deles/delas	hamamları a casa de banho deles/delas

Os sufixos de quatro formas são mais complicados, mas também bem regulares. Por exemplo, -( )m, que significa "meu/minha", é um sufixo de quatro formas. Dentro dos parênteses aqui pode aparecer uma das *quatro* vogais – ı, u, i ou ü – dependendo da vogal precedente:

Última vogal	Sufixo para "meu/minha"		
a ou ı	-ım	hamamım minha casa de banho	kızım minha filha
o ou u	-um	horozum meu galo	okulum minha escola

---

* Quando um substantivo termina em vogal, o -e/-a deverá ser precedido de y. Por exemplo, bahçe**ye** (para o jardim), Ankara'**ya** (para Ancara).

Última vogal	Sufixo para "meu/minha"			
e ou i	-im	ev**im** minha casa		zil**im** meu sino
ö ou ü	-üm	göz**üm** meu olho		gül**üm** minha rosa

Se, porém, a palavra terminar em vogal, basta acrescentar -m. Por exemplo,
baba → baba**m** meu pai

Abaixo alguns dos sufixos de quatro formas mais comuns e úteis que podem ser adicionados aos substantivos:

		[Última vogal a, ı]	[Última vogal o, u]	[Última vogal e, i]	[Última vogal ö, ü]
		hamam (casa de banho)	horoz (galo)	ev (casa)	göz (olho)
meu/minha ...	-( )m	Hamamım	horozum	Evim	Gözüm
teu/tua, seu/sua (familiar) ...	-( )n	Hamamın	horozun	Evin	Gözün
seu/sua, dele/dela ...	-( )*	Hamamı	horozu	Evi	Gözü
nosso(a) ...	-( )m( )z	Hamamımız	horozumuz	Evimiz	gözümüz
teu/tua, seu/sua ...	-( )n( )z*	Hamamınız	horozunuz	Eviniz	gözünüz
com ...	-l( )	Hamamlı	horozlu	Evli	Gözü
sem ...	-s( )z	Hamamsız	horozsuz	Evsiz	Gözsüz
sufixo de acusativo	-( )*	Hamamı	horozu	Evi	Gözü
sufixo de genitivo**	-( )n**	Hamamın	horozun	Evin	Gözün

---

* Geralmente, quando o substantivo termina em vogal, seu/sua, dele/dela = -s( ); teu/tua, seu/sua = -n( ); acusativo = -y( ); genitivo = -n( )n. Por exemplo, baba → baba**sı** (seu pai, o pai dele); baba**nız** (seu/teu pai); baba**yı** [pai (acusativo)]; baba**nın** [pai de (genitivo)].

** Para dizer "algo de alguém", ou seja, para demonstrar relações de posse, use o sufixo de genitivo e o sufixo indicador de "seu/sua" da seguinte maneira:
possuidor + sufixo de genitivo + coisa possuída + sufixo indicador de "seu/sua". Por exemplo,
horoz**un** ev**i** (a casa do galo)
otel**in** hamam**ı** (a casa de banho do hotel)
baba**nın** baba**sı** (o pai do pai)

Ordem das palavras

A ordem das partes em uma frase geralmente é a seguinte: **sujeito** + **complemento** + **verbo**. Por exemplo,

Mehmet mora em Adana
Mehmet Adana'da oturuyor
= Mehmet (sujeito) + Adana (complemento) + sufixo para "em" (da) + otur (morar) + sufixo do tempo verbal do presente (-uyor)

meu irmão gosta de futebol
kardeşim futbolu seviyor
= kardeş (irmão = sujeito) + sufixo para "meu" (-im) + futbol (futebol = complemento) + sufixo de acusativo (-u) + verbo (sev …) + sufixo do tempo verbal do presente (-iyor)

O sufixo de acusativo é usado para assinalar o objeto da frase, como em futbol**u** no exemplo acima.

Ao usar adjetivos para comparações, utilize o sufixo de duas formas -den/-dan ("de", ou, no caso abaixo, "do que"), seguido de daha (mais), e, então, o adjetivo. Não é necessário usar verbo, ou seja, o equivalente a "é". Por exemplo,

Ali, Ender'den daha mutlu.
Ali é mais feliz do que Ender.

Do mesmo modo, "menos que" é -den/-dan az. Por exemplo,

Ender, Ali'den az mutlu.
Ender é menos feliz do que Ali.

O grau superlativo do adjetivo (o mais …) é formado com "en". Por exemplo,

Ali, en mutlu.
Ali é o mais feliz.

Pronomes pessoais e sufixos

Abaixo uma lista dos pronomes pessoais do caso reto, e a indicação de como se diz "sou", "é", "somos" etc. + adjetivo simplesmente por meio de sufixos:

	pronomes pessoais do caso reto*	sufixo de pessoa**		
eu	ben	-( )m	güzelim eu sou bonito	güzel değilim eu não sou bonito
você (familiar)	sen	-s( )n	güzelsin você é bonito	güzel değilsin você não é bonito
ele/ela	o	***	güzel ele/ela é bonito(a)	güzel değil ele/ela não é bonito(a)
nós	biz	-( )z	güzeliz nós somos bonitos	güzel değiliz nós não somos bonitos
vocês	siz	-s( )n( )z	güzelsiniz vocês são bonitos	güzel değilsiniz vocês não são bonitos
eles/elas	onlar	-ler/-lar	güzeller eles/elas são bonitos(as)	güzel değiller eles/elas não são bonitos(as)

Sufixos verbais

Vimos como os sufixos são adicionados aos substantivos e adjetivos para mudar seu sentido e função na frase. Agora veremos alguns sufixos verbais comuns e úteis.

Primeiramente, observe que o infinitivo do verbo é formado mediante a adição do sufixo de duas formas, -mek/-mak, ao radical. Por exemplo,

gelmek vir (radical do verbo: gel ...)
yapmak fazer (radical do verbo: yap ...)

---

* Não é necessário usar o pronome pessoal do caso reto na frase, já que é possível deduzir a pessoa de quem se trata por meio do sufixo que está sendo usado. Por exemplo,
güzelsin você é bonito
Pode-se, porém, usar o pronome pessoal para dar ênfase, por exemplo,
sen, güzelsin *você* é bonito (e não eu/ela/eles)
** Todos esses sufixos são sufixos de quatro formas (ver Sufixos de substantivos), exceto -ler/-lar.
*** Geralmente, não é necessário nenhum sufixo para a terceira pessoa, embora no discurso formal ou na escrita você possa deparar com o sufixo -d( )r, por exemplo,
güzel-dir ela é bonita

Os tempos verbais do presente, passado e futuro são indicados por meio da adição de diferentes sufixos ao radical do verbo:

	Sufixo de tempo	
presente	-( )yor-	gel**iyor** ele vem/está vindo
passado	-d( )-	gel**di** ele veio
futuro	-ecek-/-acak-	gel**ecek** ele virá

Os sufixos do tempo verbal do presente e do passado são de quatro formas, e o sufixo de futuro é de duas formas.

Observe também que os verbos têm terminações para indicar a pessoa, assim como os adjetivos (ver acima):

	Sufixo de pessoa	forma afirmativa	forma negativa	forma interrogativa
eu	-( )m	geliyorum eu estou vindo	gelmiyorum eu não estou vindo	geliyor muyum? eu estou vindo?
você (familiar)	-s( )n	geliyorsun você está vindo	gelmiyorsun você não está vindo	geliyor musun? você está vindo?
ele/ela	[não tem]	geliyor ele/ela está vindo	gelmiyor ele/ela não está vindo	geliyor mu? ele/ela está vindo?
nós	-( )z	geliyoruz nós estamos vindo	gelmiyoruz nós não estamos vindo	geliyor muyuz? nós estamos vindo?
vocês	-s( )n( )z	geliyorsunuz vocês estão vindo	gelmiyorsunuz vocês não estão vindo	geliyor musunuz? vocês estão vindo?
eles/elas	-ler/-lar	geliyorlar eles/elas estão vindo	gelmiyorlar eles/elas não estão vindo	geliyorlar mı? eles/elas estão vindo?

Observe que a forma negativa do verbo é feita a partir do uso do sufixo negativo -m( )-. Esse sufixo é inserido imediatamente após o radical do verbo, antes dos sufixos do tempo verbal e da designação de pessoa.

As interrogações são formadas por meio do uso de -m( ) seguido do sufixo da pessoa em questão. A única exceção a essa regra é o sufixo da terceira pessoa do plural -ler/lar, que fica com o radical do verbo, em vez de seguir o sufixo de interrogação m( ).

Equivalentes ao verbo "haver", no sentido de "existir", e do verbo "ter"

Para dizer "há…", use … var e para "não há …", use … yok.
    oda var há um quarto
    odada duş yok não há uma ducha no quarto

Para expressar as formas do equivalente a "ter" e "não ter", você deve usar também var e yok, respectivamente. Nesse caso, o sufixo possessivo é adicionado ao substantivo precedente (ver Sufixos de substantivos).
    bozuk para var/yok tem/não tem troco
    bozuk param var/yok tenho/não tenho troco

Para formar questões com var e yok, adicione mı e mu, respectivamente.
    oda var mı? tem um quarto?
    odada duş yok mu? tem uma ducha no quarto?
    paran var mı? você tem troco?
    bozuk paran yok mu? você não tem troco?

Harmonia vocálica: considerações finais

Para finalizar, seguem algumas regras especiais da mudança de som que são aplicadas tanto aos sufixos de duas formas quanto aos de quatro, independentemente de serem sufixos de substantivos, adjetivos ou verbos.

Quando se adiciona um sufixo que começa com uma vogal a uma palavra que termina com as letras **ç, k, p** ou **t**, essas consoantes são suavizadas, como em:

    ağa**ç** árvore → ağa**c**ım minha árvore   [ç → c]
    çoçu**k** criança → çoçu**ğ**um minha criança   [k → ğ]
    kita**p** livro → kita**b**ım meu livro   [p → b]
    der**t** problema → der**d**im meu problema   [t → d]

Se o sufixo começa com **d** (por exemplo, -de/-da; -den/-dan; o sufixo do tempo verbal do passado -d( )-), ele muda para **t** depois de **ç, f, h, k, p, s, ş** e **t**. Por exemplo,
    İstanbu**l'da** em Istambul
    mas Pari**s'te** em Paris

FERIADOS E FESTAS

Feriados nacionais

O dia em que lojas, empresas, escolas, órgãos do governo etc. ficam fechados é o domingo. Nos feriados nacionais, cuja lista encontra-se abaixo, as lojas e as empresas geralmente não fecham.

1º de janeiro	Yıbaşı (Ano-Novo)
23 de abril	Ulusal Egemenlik ve Çocuk Bayramı (Soberania Nacional e Dia das Crianças). Esse é o dia de comemoração da abertura da Assembleia Nacional de 1920 em Ancara; após a independência em 1923, Ataturk declarou-o também como o "Dia das Crianças". O dia é comemorado com cerimônias e paradas; crianças estrangeiras ficam hospedadas com famílias turcas durante a semana de comemoração, em que eventos culturais são organizados para as crianças.
19 de maio	Gençlik ve Spor Bayramı (Festival da Juventude e Esportes).
30 de agosto	Zafer Bayramı (Dia da Vitória, comemoração da libertação de Izmir em 1922, que levou a Turquia a se tornar uma república independente).
29 de outubro	Cumhuriyet Bayramı (Dia da República).

As duas festas religiosas mais importantes são Ramazan Bayramı e Kurban Bayramı, e elas afetam o funcionamento de lojas, empresas, escolas e órgãos governamentais de modo significante.

A Festa do Ramadã (Ramazan Bayramı) marca o final do Ramadã (Ramazan), o mês islâmico do jejum, e dura três dias. Muitos habitantes das grandes cidades saem de férias e os restaurantes geralmente ficam fechados. A data exata varia de ano para ano, de acordo com o calendário lunar. De certa forma, a vida econômica é um pouco afetada pelo próprio Ramadã em si. Alguns restaurantes ficam fechados durante o dia e reabrem no İftar (anoitecer, quando o jejum pode ser quebrado), mas fecham cedo.

A Festa do Sacrifício (Kurban Bayramı) é a festa religiosa mais importante, durante a qual se sacrificam ovelhas. Ela acontece cerca de dois meses depois da Festa do Ramadã e dura quatro dias; entretanto, escolas e empresas podem ficar fechadas por toda semana. Novamente, os habitantes das grandes cidades saem de férias e os restaurantes em geral ficam fechados.

Esteja ciente de que os ônibus e os aviões ficam extremamente lotados durantes essas duas festas.

Festivais e comemoraçõess

Muitos festivais internacionais ocorrem anualmente em Istambul e em outras cidades grandes. Abaixo apenas alguns deles:

segunda quinzena de abril	Festival Internacional de Filmes de Istambul (cerca de 200 filmes são exibidos nos cinemas do bairro de Beyoğlu)
final de maio – começo de junho	Festival Internacional de Teatro de Istambul (em cerca de 10 teatros próximos à Praça Taksim)
começo de junho – começo de julho	Festival Internacional de Música de Istambul (centenas de participantes, principalmente da Europa)
primeira quinzena de junho	Festival Internacional de Música Mística (em Taksim e Harbiye)
julho	Festival Internacional de *Jazz* (em várias salas próximas a Taksim e Harbiye)
meados de agosto – meados de setembro	Feira Internacional de Izmir

ENDEREÇOS ÚTEIS

NO BRASIL

Embaixada da Turquia no Brasil
End.: SES Av. das Nações, Quadra 805, Lote 23, Asa Sul, Brasília/DF (70452-900)
Tel.: 0xx61 3242-1850, 0xx61 3244-4840
Fax: 0xx61 3242-1448
E-mail: embassy.brasilia@mfa.gov.tr
Website: http://brasilia.emb.mfa.gov.tr/

Consulado-Geral da Turquia em São Paulo
End.: Praça Califórnia, 37 – Jardim América, São Paulo/SP (01436-070)
Tel.: 0xx11 3063-1051, 0xx11 3062-8210, 0xx11 3063 0731
Fax: 0xx11 3062-5564
E-mail: consulate.saopaulo@mfa.gov.tr
Website: http://www.saopaulo.bk.mfa.gov.tr/

NA TURQUIA

Embaixada do Brasil em Ancara
End.: Resit Galip Caddesi, Ilkadim Sokak n. 1 – Gaziosmanpasa, P.K. – Ancara – 06700
Tel.: 0090-312 448 1840
Fax: 0090-312 4481838
E-mail: brasemb@brasembancara.org ou
consular@brasembancara.org
Website: http://ancara.itamaraty.gov.br/pt-br/

Consulado-Geral do Brasil em Istambul
End.: Askeroğacı Cadessi n. 9 – Süzer Plaza, 4th floor – Elmadağ, Şişli-Istanbul – 34367
Tel.: 0090-212 252 0013, 0090-212 252 0014
E-mail: cq.istambul@itamaraty.gov.br
Website: http://istambul.itamaraty.gov.br/pt-br

EM CASO DE EMERGÊNCIA

Telefonista: 118
Polícia: 155
Bombeiros: 110
Ambulância: 112

ENDEREÇOS ÚTEIS

TABELAS DE CONVERSÃO

Tamanhos de roupas

Eventualmente, você poderá encontrar a indicação do tamanho das roupas com as abreviaturas inglesas **XS** (extrapequeno), **S** (pequeno), **M** (médio), **L** (grande) e **XL** (extragrande).

- roupas femininas

Europa	36	38	40	42	44	etc.

- sutiã (o tamanho do bojo é o mesmo)

Europa	70	75	80	85	90	etc.

- tamanhos de colarinhos de camisas masculinas

Europa	36	38	41	43	etc.

- roupas masculinas

Europa	40	42	44	46	48	50	etc.

Tamanhos de calçados

- calçados femininos

Europa	37	38	39	40	42	etc.

- calçados masculinos

Europa	40	42	43	44	46	etc.